Alexander Sergejewitsch

WIE ICH EINEN ROMAN SCHREIBE

Tipps und Tricks für angehende Romanciers

*Bibliographische Informationen der Deutschen Nationalbibliothek:
Die Deutsche Nationalbibliothek verzeichnet diese Publikation in
der Deutschen Nationalbibliographie,
detaillierte bibliographische Daten sind im Internet über
http://www.dnb.de abrufbar*

Erste Auflage 2016

*© 2016 Alexander Sergejewitsch
Covergestaltung und Satz: A. Sergejewitsch*

*Titelfoto: © captblack76 Italy, Lizenz Fotolia Bildagentur
Abgebildetes Fotomodell steht in keinerlei Zusammenhang mit
dem Inhalt dieses Buches
Lizenzfoto dient lediglich Cover-Gestaltungs-Zwecken*

*Herstellung und Verlag:
BoD — Books on Demand, Norderstedt*

ISBN 978-3-7392-1256-2

Inhaltliche Irrtümer vorbehalten

Inhaltsverzeichnis

Vorwort 7
Einleitung 8
Idee 10
Skelett, Figuren und Geschichte 12
Erzähler 15
Tempus 18
Satzbau 22
    Wortpositionen 22
    Satzgefüge & Satzreihe 26
Adjektive 28
Wortwiederholung 30
Fremdwörter und „Neu-Deutsch" 31
Rhetorische Figuren und Satzglieder 33
    Alliteration 33
    Assonanz 34
    Pleonasmus 34
    Metapher 35
    Satzglieder 36
Konjunktiv (Aktiv) 37
Sprachstil 44
    Worte und Wendungen 45
    Wortschatz 45

Verbal- und Nominalstil ... 46

Aktiv oder Passiv ... 47

Nachklapp ... 48

Artikel — Ja oder nein? ... 50

Figuren-Charakterisierung ... 53

Wörtliche Rede & Schilderung ... 57

Adaptionen fremder Texte ... 60

Publikation ... 61

Nachwort ... 65

Vorwort

Mit diesem Ratgeber wende ich mich in erster Linie an den Anfänger, jenseits dessen aber auch an den Fortgeschrittenen. Mein Ansinnen ist, Tipps und Tricks aufzuzeigen, um eine „Schreibe in trockene Tücher zu bringen".
Die Empfehlungen sind Resultat meiner eigenen jahrelangen Auseinandersetzung nicht alleine mit deutscher, sondern mit Sprache schlechthin, wozu auch Musik und Bild gehören. Denn verbaler, musikalischer und bildlicher Ausdruck sind Geschwister, weil sie derselben Wurzel entstammen. Auf entsprechende gattungsübergreifende Gemeinsamkeiten weise ich hin.
Nicht alle meine Ratschläge gehen konform mit der grammatischen Regel. Das hat seinen Grund darin, dass das Kunstwerk „Roman" in erster Linie ästhetischen Gesichtspunkten verpflichtet sein sollte, und in zweiter germanistischer Gelehrsamkeit. Keineswegs alles, was gemäß Lehrbuch richtig sei, ist auch „schön".
Ebenso kündet davon die Malerei, wenn Figuren ihrer natürlichen Anatomien beraubt sind — „Fehler", die Künstler bewusst ins Kalkül ziehen der malerischen Güte wegen.
Kunst und damit der Roman sind in kein Korsett zu zwängen. Daher ist Kunst gegenüber der Wirklichkeit als das Höhere zu bewerten, weil sie von derselben abstrahiert.
Verbleibt zu erwähnen, dass die Lehrmeinungen hinsichtlich deutscher Sprachmechanik verwirrend und different sind. Bspw. was sei ein *Satzglied* oder auch nicht? Wann sei welcher *Konjunktiv* zu setzen (*I* oder *II*)? Am verworrensten ist die Diskussion um *Präteritum, Imperfekt* und *Perfekt*. Viele Streitfälle im Übrigen sind weniger grammatikalisch als vielmehr vom gesprochenen Wort her zu schlichten. Denn Sprache ist nicht Produkt theoretischer Reflexion, i. e. „ausgebrütetes Schreibtisch-Ei", sondern lebender Körper.

Alexander Sergejewitsch

Einleitung

Einen Roman zu schreiben, ist keine Kunst. Einen guten Roman zu schreiben, ist Kunst. Einen Klassiker zu schreiben, kann man nicht erlernen, er fällt einem zu.

Die Technik, einen Roman zu schreiben, hingegen ist erlernbar, so wie man jedwede Sprache erlernen kann, ohne ein Genius sein zu müssen. Das bedeutet aber nicht, dass das lediglich gut geschriebene Buch auch künstlerisch wertvoll wäre. Ich selbst kenne einen „Literaten", der schreiben kann, ich meine ausschließlich schreiben, der das nackte Handwerk beherrscht, in seinen Büchern aber jeglichen Schneid und Pep vermissen lässt. Ohne Inhalt und Idee, ohne Strahlung und Fessel, mit anderen Worten: Langweile in Schwarz auf Weiß.

Genauso wie ich einen malenden Kunsthistoriker kenne, der die schwierige Technik der Lasurmalerei versteht, ein heute weitgehend ausgestorbenes Unterfangen. Die *Cranachs* (Der Ältere 1472 bis 1553 bzw. Der Jüngere 1515 bis 1586), *Tizian Vecellio* (etwa 1488 bis 1576), *Michelangelo Merisi da Caravaggio* (1571 bis 1610) und *Albrecht Altdorfer* (etwa 1480 bis 1538), um nur wenige Beispiele zu nennen, malten in dieser außerordentlich anspruchsvollen Manier. Jener Maler aber, auf den ich anspiele, ist ohne Fantasie, seine Kompositionen sind ohne Kraft, bloßer Kopist.

Man schaue sich bloß belletristische Bestsellerlisten an, um solchem inhaltsleeren Dilettantismus habhaft zu werden. Nicht umsonst sind *Joseph Conrad* (1857 bis 1924) oder *Erich Maria Remarque* (1898 bis 1970) bis heute berechtigte Denkmäler, nicht umsonst zählen die Werke von *Paulo Coelho* (*1947) oder *Gabriel José García Márquez* (1927 bis 2014) zur Weltliteratur.

Einen guten Roman zu schreiben, bedarf nicht nur des Handwerks, sondern darüber hinaus des Funkens besagter Fantasie. Etwas, was man sich vorstellt, etwas, was einen ernstlich bewegt, einen mitreißt, einen mitnimmt auf seiner Barke ins Ungewisse. Doch hat ein solches Buch nicht unbedingt das Vermögen, auf der Bestsellerliste zu landen, geschweige ein Publikum zu finden. Qualität und Erfolg sind manchmal wie Feuer und Wasser, rivalisierende Schwestern.

Einen Klassiker zu schreiben, ist Gott gegeben, ein Geschenk des Himmels, der Götter. Ich schrieb einen Klassiker, ohne zu wollen. Es übermannte mich, ohne mich zu fragen. Es fing mich ein mit einem Lasso wie einen wilden Stier und ließ mich nicht mehr los, bis ich hatte alles zu Papier gebracht, was mir dieser Fänger im Roggen diktiert hatte. Dass ich dieses Buch schreiben konnte, verdanke ich meiner ungestümen Liebe zu einer Frau, die mich allerdings behandelte, wie kein Mann behandelt zu werden begehrt. Ausschließlich dieser Leidenschaft habe ich es zu verdanken, dass ich diesen Klassiker schrieb. Ich schrieb blind, ohne Konzept, so als wenn man einen Tiger von der Kette ließe.

Aber was macht einen Romancier aus? Selbstverständlich das, was er schreibt, doch in allerletzter Konsequenz die Perspektive, aus welcher er heraus die Welt betrachtet. Im größten Elend vermag er das größte Paradies, im größten Paradies das größte Elend zu sehen.

„Wenn ich unten am Flusse sitze, die Sonnen verschwunden, die gelben Laternen entzündet sind und ich auf das gegenüberliegende Ufer mit seinem Glitzerlichter-Schloss schaue, sehe ich eine Abendgesellschaft flanieren draußen auf der Terrasse — es ist Pause, das *Mariinski* baut um — mit Champagner und vernehme *Händel's* »Wassermusik«."

Idee

Ausschließlich einen Roman zu schreiben, ohne künstlerischen Anspruch, bedarf keiner authentischen Idee. Die vermeintliche Idee kann ein jeder sich aus den Fingern saugen, irgendwas gewollt zusammenbasteln, ohne höhere Eingebung, irgendwas künstlich zusammenpfriemeln, wie man irgendeinen „Schweinefraß" zubereitet, nur des Stillens des Hungers wegen. So etwa eine bekannte deutsche Liedermacherin, welche behauptete, an den Strand zu gehen, um ein neues Lied zu schreiben, auf Kommando. Das kann man machen, doch wird daraus nicht die hohe Kunst resultieren, nicht das ehrliche Lied, kein Evergreen.
Ich selbst habe mehr als drei Dutzend Lieder mit deutschen Texten geschrieben, und weiß, dass viele davon kleine Juwelen sind. Ich schrieb sie aus der Spontaneität, der Eingebung heraus, ohne Konzept, ohne Plan, ohne Intellekt. Ich griff zur Gitarre, ließ einen Akkord erklingen, nur so, frei nach Laune. Mit einem Male verzauberte mich dieser oder jener Akkord und nahm mich mit auf eine Reise in das Land von Poesie und Melodie. Aus meinem Unbewußten stiegen Nachbarschaftsakkorde, Töne wurden zu Melodien und Worte gesellten sich hinzu, ohne nachzudenken. Es war das Geschenk einer Muse. *Udo Jürgens´* (1934 bis 2014) „Griechischer Wein" entstand auf ähnliche Weise, obgleich er auf den Text noch zwei Jahre warten sollte, bis er ihm in den Sinn kam.
Ich persönlich halte nicht viel von zwanghaft Zusammengebasteltem, von Büchern ohne Blut und ohne Seele, was aber nichts über kommerziellen Erfolg aussagt. Wie viel Schund okkupiert die obersten Ränge der belletristischen Bestsellerlisten, wie viel totes Papier findet Einlass in die Gehirne der breiten Masse, nur des Umsatzes wegen? Ich denke an *Erika Leonard´s* (*1963 – Pseudonym *E. L. James*) „SHADES OF GREY" oder an die berühmten „FEUCHTGEBIETE" von *Charlotte Elisabeth Grace Roche* (*1978).

Die authentische Idee sucht man nicht, man findet sie, oder um mit *Pablo Picasso* (1881 bis 1973) zu sprechen: "Ich suche nicht, ich finde." Was im Übrigen, zumindest was meine Person betrifft, auch für meine weiblichen Freundschaften, meine Freundinnen, gilt. Kein Internet benötige ich, keine Flirt-Agentur oder Ähnliches, um mich zu verlieben. Offen sein, die Fühler in den Wind strecken, zuhören, sehen, schmecken und empfinden. Das ist die Rezeptur, auch für die echte Idee eines Romans.

Erlebnisse, Abenteuer, verschmähte Liebe bspw. besitzen die Kraft, in dir das Focaultsche Pendel zum Schwingen zu bringen, dich an die Feder zu fesseln, an das Fass mit der Tinte, um zu Papier zu bringen, was dein Herz beherrscht. Die wahre Idee kommt aus dem Reich der Elfen und Geister, und entspringt nicht dem kalten Intellekt, mit anderen Worten, entspringt sie derjenigen Sphäre unserer Seele, wo allnächtlich unsere Träume geflochten werden. Um demnach nicht ein mittelmäßiger Schriftsteller, sondern ein echter Romancier zu sein, bedarf es schon der Einbildungskraft, der Fähigkeit, mit seinen Musen zu kommunizieren. Diese Fähigkeit allerdings ist nicht jedem gegeben, weshalb im Übrigen man nicht Romancier *wird*, sondern *ist*. Entweder ist man ein solcher oder nicht. Als Romancier wird man geboren. Romancier zu sein, ist kein Beruf, den man ergreift, es ist Berufung.

Wenn man dieses *Lyrische Ich*, dieses *Alter Ego*, in sich verspürt, heißt das noch lange nicht, dass man ein Schriftsteller sei. Den Schriftsteller in sich muss man dann so lange trainieren, bis er zur Blüte gelangt. Das Handwerk des Schreibens ist zu erlernen, ähnlich einem talentierten Hochsprung-Sportler oder einem talentierten Fußballer. Üben, üben und nochmals üben, das ist die Devise. Talent machen zwei oder drei Prozent des Romanciers aus, die restlichen acht- oder siebenundneunzig Prozent sind handwerklicher Fleiß. Doch ist Talent der Grundstein der literarischen Kathedrale, ohne welches der Romancier kein

Romancier wäre. Mir bekannt sind belletristische Talente, die aber nicht der Mühe sich unterziehen, ihr Handwerk im Schweiße ihres Angesichts auszuloten. Ab und an schreiben dieselben dann eine Erzählung oder ein Poem, zu besonderen Anlässen, zur Hochzeitsfeier oder zu Weihnachten, das ist aber auch schon alles.

Ich selbst habe mit vierzehn Jahren angefangen zu schreiben, zunächst Lyrik, mit Anfang zwanzig Liedertexte, bis ich etwa Anfang vierzig ohne viel Federlesens in die Berufsgruppe der Textdichter der GEMA aufgenommen wurde. Fast eine Dekade lang hatte ich mich mit englischer Literatur auseinandergesetzt, allem voran *Shakespeare*. Das Schreiben habe ich von der Pike auf mir selbst beigebracht, ohne mir das im Geringsten vorgenommen zu haben.

Um auf das Verfassen eines Klassikers zurückzukommen, will ich betonen, dass ein Klassiker vom Himmel seine Abkunft nimmt, so wie Moses von Jahwe die Gesetzestafeln erhielt auf dem Sinai. Ich denke an *Bram Stoker's* (1847 bis 1912) „DRACULA" oder *Boris Pasternak's* (1890 bis 1960) „DOKTOR SCHIWAGO".

Skelett, Figuren und Geschichte

Verfügt man über die Idee, nach Möglichkeit über eine solche der Spontaneität, aus dem Reich der reinen Fantasie, gilt es, ein Konzept zu entwickeln, ein Skelett zu entwerfen ähnlich dem Exposé einer wissenschaftlichen Arbeit, kurzum zu strukturieren. Der Roman ist in Kapitel zu gliedern, wobei man grob darüber im Klaren sich sein sollte, wovon die jeweiligen Kapitel handeln, was darin geschrieben stehen möge. Hier genügt die bloße nicht näher verdichtete Vorstellung, denn Worte und damit eigentlicher konkreter Inhalt entwickeln sich während des Schreibprozesses, wenn man zu Papier bringt, was einem „einfällt".

Ich persönlich als jemand, der seit fast einem halben Jahrhundert über Wiesen und durch Wälder stürmt, entwickle mein Konzept unter freiem Himmel, beim Laufen. Irgendwann weiß ich in etwa, über was es mich zu schreiben drängt, habe die Kapitel dann im Kopfe als Koordinaten-System. Derart benötige ich kein schriftliches Skelett, habe die Knochen hinter meiner Stirn und schreibe drauflos. Dazu bedarf es aber langjähriger Erfahrung, weshalb ich dem angehenden Romancier die papierne Fixierung unbedingt empfehle!
Als nächstes sind die Figuren gefragt. Wer sind die Protagonisten, die Hauptdarsteller, welche die Staffage-Figuren, die am Rande stehen?
Um was für eine Geschichte handelt es sich? Um eine Liebes-, Abenteuer-, Fantasy- oder Schauer-Geschichte, einen Kriminal- oder historischen Roman, ein Buch für Kinder oder ein Potpourri aus alledem, was in kein Klischee sich pressen lässt? So mein Klassiker „RÜCKENAKT EINER AUS DEM WASSER STEIGENDEN NYMPHE", weder ausschließlicher Schauer- noch ausschließlicher Gesellschaftsroman, weder ausschließlicher Künstler- noch ausschließlicher Liebesroman etc., sondern ein Mix, was, am Rande bemerkt, Verlegern überhaupt nicht „in den Kram passt", falls man einen Verleger sucht statt selbst zu publizieren.
Verleger sind auf der Suche nach der Schublade, sie wollen in erster Linie verkaufen, dem Publikum sich ausliefern, deren Bedürfnisse befriedigen, was den Romancier aber nicht davon abhalten sollte, den Stimmen seiner Musen zu folgen und nicht den Stimmen derer, die sich prostituieren. Und das gilt nicht alleine für die Welt der Literatur, sondern für viele Sparten künstlerischer Produktion überhaupt. Das Kapital regiert. Dass Gewinn erwirtschaftet werden muss, versteht sich von selbst, damit „der Laden läuft", doch es versteht sich nicht von selbst, dies ausnahmslos zu tun. Denn Verlage sind neben Geldverdienen moralisch verpflichtet, ihrer Leserschaft Dichtung oder

Sachprosa auf demokratischem Niveau zu offerieren, i. e. kulturell Wertvolles zu verlegen, auch wenn solche Schriften jenseits des Massengeschmacks sich bewegen. Denn „Verlegen" hat m. E. (nicht gemäß Wortgeschichte im Sinne von „Kosten vorlegen" für den Drucker) zu tun mit „Aufklären", denken wir an das vervielfältigte Wort im Kampf um Reformen, denken wir an *Martin Luther* (1483 bis 1546).
Bezüglich des Genres möchte ich noch anmerken, dass der historische Roman beziehungsweise die Nacherzählung einer Geschichte keine belletristische Revolution darstellt, nichtsdestoweniger auch hier das Talent die Spreu vom Weizen trennt. Der Autor verzichtet auf die Idee, sie ist ihm vorgegeben, der Stoff ist bekannt. Er rekapituliert lediglich mit eigenen Worten. Anzuführen sind die Märchen der *Gebrüder Grimm* (1785 bis 1863 bzw. 1786 bis 1859), oder *Otfried Preußler's* (1923 bis 2013) „KRABAT", eine Geschichte, die auf einer Volkssage beruht. Hier ist sorgfältige Recherche dessen gefordert, was bereits existiert. Beim historischen Roman sind die geschichtlichen Daten auszukundschaften, Archive zu inspizieren, Biographien zu studieren usw. Fast entspricht dies dem Anfertigen einer Doktorarbeit, mit dem Unterschied, dass man das Datenmaterial nicht nüchtern präsentiert, sondern in ein Flechtwerk aus Fantasie und Poesie einbindet. *Umberto Eco's* (*1932) „DER NAME DER ROSE" ist kein historischer Roman im eigentlichen Sinne, obgleich das Buch oft als solcher eingeordnet wird. Der Roman spielt zwar vor historischer Kulisse, doch ist sein Plot (Handlung) meines Ermessens Resultat der Eingebung und damit imaginäre Schöpfung.
Wo spielt die Geschichte und wann spielt die Geschichte? Ist die Kulisse authentisch? Etwa Paris oder Moskau oder eine Landschaft, vielleicht mehrere unterschiedliche tatsächliche Orte? Ist dies so, ist es unabdingbar, die Orte nach Möglichkeit zu kennen, weil man dort schon einmal war, falls nicht, eingehend zu studieren. Hier sind Reise-Literatur und Internet sehr behilflich. Letzteres liefert Fo-

tos und Filme, was einen in die glückliche Lage versetzt, ein präzises Bild von den Schauplätzen sich machen zu können. Viele Orte, wo mein Klassiker spielt, habe ich selbst bereist, doch in St. Petersburg bin ich niemals gewesen. Von dieser Märchen-Metropole konnte ich mir Eindruck verschaffen, indem ich Reiseführer und Bildbände wälzte, ein Stadtporträt las und Filme mir ansah.
Handelt es sich um fiktive Schauplätze, ist die Fantasie wieder gefragt.
Je nachdem, in welcher Zeit der Roman spielt, ist es ebenso wichtig, über die geschichtlich-politischen Ereignisse Bescheid zu wissen. Auch hier wieder: Bücher, Internet und Filme.

Von besonderer Dringlichkeit darüber hinaus ist die logische Chronologie der Ereignisse und Figurenauftritte. Bspw. wäre es eine literarische Todsünde, Bezug zu nehmen auf was noch nicht eingeführt ist. Man sollte sich an jedweder Stelle des Romans bewusst sein, was bereits statt hatte und was noch nicht. Entsprechende Fehler schleichen sich schnell bei größeren Werken ein, sprich „dicken Schinken".

Erzähler

Bedeutsam ist, aus welcher Perspektive der Roman geschildert wird, aus der *Ich-Perspektive* oder der des *kommentierenden auktorialen Erzählers* (Erzähler als Urheber). Ich-Perspektive-Romane sind die Bücher *Karl May's* (1842 bis 1912), *Truman Capote's* (1924 bis 1984) „FRÜHSTÜCK BEI TIFFANY", *Vladimir Nabokov's* (1899 bis 1977) „LOLITA" oder *Daniel Defoe's* (1660 bis 1731) „ROBINSON CRUSOE".
Der Ich-Erzähler ist oft einer der Hauptdarsteller der Geschichte, er kann allerdings auch in der Rolle des Beobach-

ters auftreten, dem ein Ereignis widerfährt, der Zeuge einer außerordentlichen Begebenheit wird (*Zeugnis ablegende* Ich-Perspektive), etwa in H. G. Wells´ (1866 bis 1846) „DIE ZEITMASCHINE", wenn der Ich-Erzähler den Ausführungen des Zeitmaschinen-Erfinders beiwohnt.

Ist er einer der Protagonisten, so wird der Leser sich mit ihm identifizieren. Der Leser wird *in medias res* gezogen, er nimmt an dem Geschehen, der Handlung, quasi teil. Das erhöht die Spannung, den Nervenkitzel, steigert den Erlebniswert, sorgt für Unmittelbarkeit. Der Ich-Erzähler kann gleichzeitig in die Rollen der anderen Figuren schlüpfen, die Rollen wechseln (Briefe und Tagebuch-Aufzeichnungen der einzelnen „Ich-Figuren" in *Stoker´s* „Dracula").

Spielt der Ich-Erzähler die Rolle des *Zeugnis ablegenden* Beobachters oder Chronisten oder ist er identisch mit einer bloßen Nebenfigur, bedeutet gleichfalls das den Einbezug des Lesers in die fiktionale Welt des Romans, zwar nicht in demselben Maße, mit welchem eine der Hauptfiguren den Leser mit auf die Reise nimmt, aber immerhin bleibt er in der Geschichte integriert.

Der kommentierende Erzähler (*auktoriale* Perspektive) hingegen steht außerhalb der fiktionalen Welt, ist nicht aktiver Teilnehmer des Romans. Er erzählt die Geschichte von einem Meta-Standpunkt aus. Er kann in die Figuren hineinschauen, sie psychologisch vermessen, kritisieren und vieles mehr. Er hat den Überblick über die Geschichte, hat alles im Visier, ist allwissend.

Der Ich-Erzähler hingegen weiß nur von sich selbst, schaut nur in sich selbst hinein. Die anderen Figuren erfasst er lediglich an der Oberfläche, kann in sie nicht hineinschauen, nur Vermutungen anstellen.

Beide Erzähl-Perspektiven müssen nicht durchgängig sein, lassen sich mischen. In meinem Klassiker sind beide Erzähler anwesend, denn darin liest ein ansonsten *auktorial* geschilderter Hauptdarsteller aus seiner *Ich-Perspektive-Novelle*. Es ist dies die Geschichte in der Geschichte.

Ähnlich dem „Film im Film", bspw. bei dem Regisseur *Claude Chabrol* (1930 bis 2010), wenn in dem eigentlichen Spielfilm die Protagonisten einen Kino- oder Fernsehfilm sich anschauen, oder bei *François Truffaut's* (1932 bis 1984) Film „Die letzte Metro", wo ständig Theaterszenen eingeblendet werden, oder in der Malerei, wo in dem Gemälde selbst ein Gemälde wiedergegeben ist, oder ein Bild im Spiegel wie bei *Diego Velázquez'* (1599 bis 1660) "Las Meninas", wenn das spanische Königspaar darin erscheint.

Die Novelle innerhalb meines Klassikers, das „Buch im Buch", ist — wie oben dargelegt — in der *figurenabhängigen* Ich-Form abgefasst, hingegen der Roman als solcher aus der kommentierenden *auktorialen* Erzähler-Perspektive. Hinzu kommt, dass *Prolog* und *Epilog* den Roman einrahmen „wie eine Leinwand", beide selbst wieder aus dem Ich-Blickwinkel geschrieben sind, strukturell kompliziert, aber nichtsdestoweniger logisch, denn *Ich-Novelle-Erzähler* und *Ich-Prolog-Epilog-Sprecher* sind ein und dieselbe Person.
Doch empfehle ich jedem am Anfang seiner Karriere stehenden Literaten zunächst mit dem Einfachen zu hantieren, und danach, wenn er das eine oder andere Buch bereits zu Papier gebracht hat, an das nicht so Einfache sich heranzuwagen, das heißt, zuerst die durchgängige Erzähl-Perspektive zu verfechten.
Einfachheit beziehungsweise Kompliziertheit im Strukturellen sind allerdings keine Garanten für Güte, sagen nichts aus über den künstlerischen Wert eines Buches. Ich denke an *Oscar Wilde's* (1854 bis 1900) „DAS GESPENST VON CANTERVILLE", *Horace Walpole's* (1717 bis 1797) „DAS SCHLOSS VON OTRANTO" oder *H. G. Wells'* (1866 bis 1946) oben erwähnte „Zeitmaschine", knappe einfach geschriebene Bücher, nichtsdestotrotz Weltliteratur. Aber auch ein so komplizierter Roman wie *James Joyce'* (1882 bis 1941) „ULYSSES" gehört zum ewigen Kulturgut.

Tempus

In welcher grammatikalischen Zeit erzählt der Erzähler? Gegenwart oder Vergangenheit oder eine Mischung aus beidem? Durchaus kann man eine Geschichte im Präsens erzählen. Das steigert die Spannung. Der Leser wird auch hier *in medias res* gezogen, ist mittendrin, fiebert mit, weiß nicht, was als nächstes passiert, genauso wenig wie die Figuren selbst. Die Gegenwart- oder Präsens-Erzähl-Ebene ist geeignet für Abenteuer- und Kriminalromane, aber ebenso für jedes andere Genre kein Tabu.

Was nämlich die künstlerische Produktion an sich anlangt, ob Malerei, Architektur, Skulptur, Musik, Theater usw., gibt es keine absoluten Regeln wie etwa beim Autofahren im Straßenverkehr. Die Kunst und damit das zu Papier Bringen eines Romans sind frei. Jede Regel darf gebrochen, jeder Kanon gesprengt werden. Worauf es ankommt, ist, dass das Resultat überzeugt. Ich denke an die Neue Musik *Arnold Schönberg's* (1874 bis 1951) oder *Alban Berg's* (1885 bis 1935), das Literarische betreffend, ein weiteres Mal an den Montage-Roman „BERLIN ALEXANDERPLATZ" *Alfred Döblin's* (1878 bis 1957).

Obwohl im Präsens zu schreiben, keine Sünde ist, sind doch die meisten Romane in der verbalen Vergangenheit geschrieben, „berichten" über was bereits geschehen ist. Steht dabei der Erzähler außerhalb des Geschehens, ist er nicht identisch mit einem der Protagonisten, übt er — wie zitiert — die Funktion des Kommentators aus, kann er auf Zukünftiges, wovon der Leser noch keine Ahnung hat, anspielen usw.

Empfehlenswert ist wider die Verwendung der verbalen Vergangenheit wie

„ich bin gegangen"
(Perfekt lat. / *per-fectum*,
„vollendet")

„ich ging"
(Imperfekt / lat. *im-perfectum*,
„nicht-vollendet")
(*oder* Präteritum / lat. *praeter-ire* „vorüber-gehen")

[Ist „ich ging" *vollendet* oder *nicht vollendet*? Darüber streiten sich die Gelehrten]

„ich war gegangen"
(Plusquamperfekt / lat. *plus quam perfectum*,
„mehr als vollendet" = Vorvergangenheit)

der Tempuswechsel zur Gegenwart (*historisches Präsens*). Das Leseerlebnis gewinnt an Unmittelbarkeit, der Leser wird an die Handlung direkt herangeführt, so als ob er neben dem stünde, was augenblicklich vor seinen Augen passiere. In meinem Klassiker habe ich die Einleitungsschilderungen neuer Kapitel und Szenen ins Präsens gesetzt und den eigentlichen Plot in der Vergangenheit (*Plusquamperfekt, Imperfekt*) belassen:

„Schon seit Tagen *peitscht* der Regen durch die Île de France und *frisst* erbarmungslos am Strebewerk ihrer gotischen Kathedralen. In den Straßen und auf sämtlichen Dächern *liegt* der scharfe Geruch von nassem Kalk.
Es *ist* der 8. August.
Unweit von Paris *hatte* die Domina den stattlichen Palast erst vor Kurzem *bezogen* und zu diesem Anlass eine Soirée *gegeben*, zu deren erlauchten Gästen auch ich mich *zählen durfte*."

Aber genauso bin ich mit packenden Bildern irgendwo inmitten des Romans verfahren:

„Darüber *trägt* sie einen zusätzlichen Gürtel aus den wilden Perlen der Sieben Meere. Die Tiara *krönt* weiterhin ihr Haupt, die Maske desgleichen ihr Gesicht und die mit Edelsteinen gefassten Ohrhänger *funkeln* wie die Lichter einer fernen Galaxis.
Ihren Aposteln und denen, die es noch werden sollten, *kehrte* sie nun den Rücken zu, *kniete* auf den mit rotem Samt beschlagenen Altarstufen nieder und *begann* mit Hingabe..."

Diese Tempus-Raffinesse ist im Hinblick auf die Wortklänge allerdings zu prüfen. Bisweilen verbietet sich der Tempus-Wechsel, weil die Klänge oder die „Musik" der entsprechenden Tempus-Formen die Klanggestalt des übrigen Textes torpedieren, sie fügen sich nicht in die dominierende Tonlandschaft des Textes an sich. Hier sind sorgfältiges Abwägen zwischen Soll und Muss sowie ein Sezieren der vokalen Balance gefordert. Verbale Sprache ist Musik, hat Rhythmus, hat Ton und Phrasierung.
Demgemäß bringt ein Romancier, der in Personalunion Musiker ist, ein Instrument spielt, in einem Chor singt o. ä., entsprechendes Know-how mit, um mit Sprache souverän zu jonglieren.

Sprache, Musik und Bild sind — wie eingangs verlautbart — Derivate derselben Wurzel, bilden Einheit. So verfügt nicht nur der musizierende, sondern ebenso der malende Romancier über die für das Schreiben notwendige Sensibilität. Denn Bilder folgen denselben Regeln wie Musik, und diese wiederum denselben wie Texte. Visuelle Kompositionen haben Rhythmus, Farben sind harmonisch zu koordinieren. Sie entsprechen den Tönen der Musik bzw. den klingenden Silben der Worte.
Man denke an *Wassily Kandinsky's* (1866 bis 1944) synästhetische Wahrnehmung — sobald er einem Konzert beiwohnte, sah er Bilder in sich steigen — oder an seine „Grammatik der modernen Malerei" überhaupt.

Was den Gebrauch des *Plusquamperfekts* — aber auch anderer Tempora — anlangt, also der Zeit vor der Zeit, der Vergangenheit vor der Vergangenheit, gebildet mit dem *Imperfekt* von „haben" oder „sein" zuzüglich *Partizip Perfekt* (*ich hatte gearbeitet, ich war gekommen*), ist der grammatikalisch richtige Einsatz dieses Tempus in der Wiederholung nicht immer geboten. Was grammatikalisch erforderlich scheint, ist künstlerisch nicht immer zu befürworten. Das vermehrte Auftauchen von „hatte" oder „war" oder „gewesen", obgleich grammatikalisch logisch richtig, macht bisweilen einen Absatz oder eine Szene monoton und fad, ermüdet den Leser und zieht seine Konzentration ab vom Text, der Text verliert an Reiz. Ein Beispiel aus dem *Prolog* meines Klassikers, wo der Protagonist als das im *Präteritum* erzählende Ich ein Erlebnis aus seiner Vergangenheit schildert, weshalb er, streng genommen, im *Plusquamperfekt* sprechen müsste:

„Denn damals, als sie mir über den Weg gelaufen kam, *war* es Sommer (eigentlich zuzüglich „gewesen") und das Musizieren der Zikaden hatte meine Ohren in die Welt eines Orpheus entführt. Allerdings *war* es keine Harfe (eigentlich zuzüglich „gewesen"), zu der ich zu beten begonnen hatte. Nein! Es *war* ein Pianino (eigentlich zuzüglich „gewesen"), dessen Arpeggio mein Herz verzauberte (eigentlich „verzaubert hatte"), denn von überall *vernahm* ich ihre Stimme (eigentlich „hatte ich vernommen"). Sie *tanzte* auf meinem Amboss (eigentlich „hatte getanzt"), *sauste* durch meine Schnecke (eigentlich „war gesaust") und *bestieg* meinen Bügel (eigentlich „hatte bestiegen"), um auf dem Rücken wilder Pferde durch die Wälder und Auen zu galoppieren."

Das heißt, dass die verbale Klanggestalt belletristischer Produktion Vorfahrt hat gegenüber ihrer temporalen Regel. Bei Sachtexten, wissenschaftlichen Arbeiten, Gutachten etc. gilt dies nicht. Hier geht es um objektive Information und nicht um Ästhetik.

Satzbau

Wortpositionen

Den Satzbau betreffend, ist hervorzuheben, dass die Konstruktion des deutschen Satzes dem Verfasser großen Spielraum bietet, was die Reihenfolge der Worte anlangt. Noch größeren Spielraum bietet die lateinische Sprache, hier dürfen die Worte ganz nach Gusto gesetzt werden. Selbstverständlich unterliegt der deutsche Satzbau bestimmten kanonischen Minimal-Regeln, welche nicht umschifft werden können, doch ist derselbe flexibler als man annehmen möchte. Zunächst Beispiele dessen, was sein muss.

A.) Regel-Beispiele:

I. Nebensätze mit einfachen *Konjunktionen*
(verbinden Haupt- u. Nebensätze):

aber   *denn*
doch   *oder*
sondern   *und*

Heinrich ist fit,
denn	er	treibt	Sport.
Konjunktion	**+ *Subjekt***	**+ *Verb***	**+ *Obj*.**

II. Nebensätze mit untergeordneten *Konjunktionen*
= *Subjunktionen* (leiten Nebensätze ein):

als   *bevor*
bis   *da*
damit   *dass*
ehe   *falls*
indem   *nachdem*
obwohl   *seit*

seitdem   sodass
solange   sooft
während   weil
wenn   wohingegen

Heinrich ist fit,
weil   er   Sport   treibt.
*Subjunktion   **+ Subjekt**   **+ Obj**.   **+ Verb**

III. Sätze mit *Konjunktional-Adverbien*
= Adverbien, die als *Konjunktionen* auftreten, i. e. verbindende Funktion ausüben:

allerdings   also
andererseits   anschließend
außerdem   dabei
dadurch   dafür
dagegen   damit
danach   dann
darauf   darum
davor   dazu
deshalb   deswegen
einerseits   ferner
folglich   genauso
immerhin   inzwischen
jedoch   schließlich
seitdem   später
trotzdem   vorher
zuvor   zwar
weder   –   noch

Heinrich ist fit,
immerhin   treibt   er   Sport.
*Konj.- Adverb **+ Verb**   **+ Subjekt**   **+ Obj**.

IV. *Dativ-Akkusativ*-Stellung:

„Ich gebe *dem* Lehrer *das* Buch."
(*Dativ* vor *Akkusativ*).

Tauchen allerdings *Pronomina* (Für-Wörter) auf, müssen die ansonsten obligatorischen Positionen wechseln:

„Ich gebe *es dem* Lehrer."
„Ich gebe *es ihm.*"
(*Akkusativ* vor *Dativ*)

B.) Optional-Beispiele:

Viele Texte, nicht alleine solche der Belletristik, sind langweilig, weil sich deren Autoren stereotyper Wort-Reihenfolgen bedienen. Lebendig sind Texte, die diese Stereotypien durchbrechen und die Worte unkonventionell positionieren, ohne gegen das grammatikalisch Unbedingte zu verstoßen. Oft ist das möglich bei Hauptsätzen, wohingegen Nebensätze dahingehend weniger flexibel sind (siehe oben „Regel-Beispiele").

„Im Kamine hatte *sich* die Eiche in Asche verwandelt."
(konventionell)

„Im Kamine hatte die Eiche *sich* in Asche verwandelt."
(lebendig)

oder

„Es ist noch zu frühe." (konventionell)

„Zu frühe ist es noch." (lebendig)

„Noch ist es zu frühe." (lebendig)

„Es ist zu frühe noch." (poetisch)

oder

„Wolken waren vor die versiegende Sonne getreten." (konventionell)

„Vor die versiegende Sonne waren Wolken getreten." (lebendig)

„Getreten waren Wolken vor die versiegende Sonne." (lebendig)

„Getreten vor die versiegende Sonne waren Wolken." (lebendig)

Wie man Worte im besonderen Falle setzt, hängt natürlich von der Betonung ab, worauf der Tenor zu legen ist, da der Wortauftakt eines Satzes den Bedeutungsschwerpunkt gewöhnlich ausmacht.

Die übliche Abfolge sind *Subjekt, Prädikat* und *Objekt* (SPO) wie im Englischen. Selbst im Englischen ist diese Regel nicht einzuhalten, wenn es um Akzentuierung geht:

"*Very good meal* (Objekt) you *made* (Prädikat) yesterday."

anstatt

"You *made* a *very good meal* yesterday."

Satzgefüge & Satzreihe

Ein *Satzgefüge* (Konstrukt nicht-gleichwertiger Sätze) besteht aus mindestens einem Haupt- (HS) und mindestens einem Nebensatz (NS).

„Bernardo von Palermo legte sein Manuskript beiseite (HS),
um sich Sir Walter zuzuwenden (NS I *kausal, begründend*),
der sich anschickte (NS II *relativ, Bezug nehmend*),
nachdem er seinen Revolver von der Schläfe genommen hatte (NS III *temporal, zeitlich*),
dieses Mal nicht über die Tötungsmaschine eines Doktor Guillotine zu referieren (Fortsetzung NS II *relativ*),
sondern über jene Waffe (NS IV *adversativ, entgegengesetzt*),
welche die vortrefflichste ihrer Art sei (NS V *relativ*)."

Dies ist ein langes *Satzgefüge*, bestehend aus einem Haupt- und fünf Nebensätzen.

Optimal allerdings ist das *dreigliedrige Satzgefüge* oder wie hier die *dreigliedrige Satzreihe* (Konstrukt dreier gleichwertiger Sätze = Hauptsätze).
Berühmtestes Beispiel ist der von *Plutarch* (etwa 45 bis etwa 125 n. Christi) überlieferte Ausspruch *Gaius Julius Cäsars* (100 v. Chr. bis 44 v. Chr.):

„*Veni, vidi, vici!*"

was so viel heißt wie „Ich kam, ich sah, ich siegte!", den er an seinen Freund *Gaius Matius* brieflich übermittelte, nachdem er 47 v. Chr. bei Zela König *Pharnakes II* († 47 v. Chr.) ohne viel Federlesens geschlagen hatte.

Darüber zu diskutieren, weshalb eine Dreierfigur, und nicht eine Vierer- oder Fünferfigur, Optimum ist, erübrigt sich genauso wie es sich erübrigt, darüber nachzusinnen, weshalb die geometrische Ästhetik des Kreises über der des Quadrats oder Rechtecks steht. Die Vollkommenheit der Zahl „drei" ist eine dem menschlichen Geiste immanente Vorstellung.

„Gähnend räkelte sie sich von ihrem Lager (1), [sie] klopfte sich die Federn vom Evakostüm (2) und [sie] kämpfte sich zu mir an den Abgrund (3)."

Dies ist ein Beispiel für eine *dreigliedrige Satzreihe*, wobei die drei Hauptsätze wie bei *„Veni, vidi, vici!"* das gleiche Subjekt haben. Eine solche Montage ist immer attraktiv, da sie kurz und knapp, und „musikalisch" mit Leichtigkeit zu nehmen ist. Solche Konstruktionen sollten nach Möglichkeit in einem Text nicht fehlen, nachstehend eine *dreigliedrige Satzreihe* mit drei verschiedenen Subjekten:

„Nun hörte man das Getrampel von Absätzen (1), die Türe sprang auf (2) und unser Operettenstar betrat die Bühne (3)."

Allerdings sagen Länge oder Kürze von Sätzen eines Romans nichts aus über seine Qualität. Hier gilt wieder die Freiheit der Kunst, die jede Regel brechen darf der Geschlossenheit des Kunstwerks wegen. Nichtsdestotrotz bleibt festzuhalten, dass kurze Sätze für den Leser verdaulicher sind als Bandwürmer.

Nebenbei bemerkt, sind kurze Sätze eines der Merkmale erfolgreicher Breitenliteratur (Roman u. Sachbuch), sie ist eben gefällig, weil leseleicht.
So gibt es kurz-sätzige Bücher, die einen reißenden Umsatz vermelden, inhaltlich allerdings zu wünschen übrig lassen. Gleichfalls gilt die Umkehrung, das heißt, leseschwierige Bandwurm-Texte können inhaltlich von hoher Qualität sein.

Adjektive

Adjektive sollten so wenig wie möglich, jedoch so viel wie nötig verwandt werden. Je mehr Eigenschaftswörter ein Text enthält, desto dichter ist der Worte-Dschungel, was dazu führt, dass man den Wald vor lauter Bäumen nicht sieht, der rote Faden sich verschleiert. Der vermehrte Einsatz von Adjektiven lenkt von der Botschaft eines Textes ab, sorgt für Irritation.

In der Landschaftsmalerei etwa, wo ein authentischer Natur-Ausschnitt wiedergegeben ist, bringt der Künstler genauso wenig jedes Detail auf die Leinwand, er konzentriert sich auf das Wesentliche, um seine Botschaft pointiert dem Betrachter zu vermitteln, weshalb im Übrigen Landschaftsfotografie nicht unproblematisch ist, da die Kamera jede Einzelheit festhält. Kurzum, der Weizen ist von der Spreu zu trennen.

Gegenüber der Fotografie ist der Malerei in der Regel auch ein Mehr an *Poesie* zu bescheinigen, oder daraus folgernd: Ein weniger gut gemaltes Sujet ist einer gut gemachten Fotografie oft vorzuziehen, auch deshalb, weil der Fotografie zudem die Handschriftlichkeit häufig fehlt. Sie hat gegenüber der Malerei kein Blut und Wasser, keine Persönlichkeit. Selbstverständlich auszunehmen sind Fotografen wie *Ansel Adams* (1902 bis 1984) oder *Henri Cartier-Bresson* (1908 bis 2004) oder *Helmut Newton* (1920 bis 2004) usw.

Und so sollte es auch mit der „Schreibe" des Romanciers bestellt sein. Je mehr das, worauf es ankommt, sichtbar wird, wozu der Fortfall überflüssiger Adjektive beiträgt, je mehr kommt sein individueller Duktus zum Tragen, analog zur „ausgedünnten" Malerei, seine *Poesie* — tritt in Erscheinung, erntet er Lorbeeren beim Leser, wohlgemerkt beim anspruchsvollen Leser. Denn viele Populär-Romane,

obgleich erfolgreich, quellen über mit nichtssagenden Eigenschaftswörtern, führen den Leser in ein Labyrinth oberflächlicher Gemütskitzel.
Und falls dann doch ein Adjektiv auftaucht, kommt diesem eine umso größere Gewichtigkeit zu, da es für die Aussage unverzichtbar ist. Hier ein Beispiel, wo Adjektive ihre geforderte attributive Funktion erfüllen:

„Heraus aus der *dunklen* Kirche stürzten wir hinein in die *glückliche* Sonne, sprangen Hand in Hand über den *gelben* Kies und das noch *feuchte grüne* Gras, bis wir erneut Newskij-Perspektive unter unseren Füßen spürten."

Gegensatzpaar ist *dunkel* kontra *glücklich & gelb*.
Feucht & grün stehen für Tau, Wasser des Lebens, Fruchtbarkeit, Morgen und Hoffnung, womit sie sich gegenseitig stützen und ergänzen, weil sie vom gleichen metaphorischen Stamme sind.

Und überhaupt — wie zitiert — der Text ja nur das enthalten sollte, was für seine Aussage zwingend notwendig ist. Ich denke an *Irwing Stone's* (1903 bis 1989) „MICHELANGELO", ein „Schinken", den man hätte wesentlich kürzer abfassen können, schlichtweg ein Dämme brechendes Zuviel.

Thomas Bernhard (1931 bis 1989) äußerte einmal über ausufernde Beschreibungen, dass diese nichts brächten außer den Leser zu malträtieren mit überflüssigen Satzlasten, mit anderen Worten, sie langweilten zumindest ihn. *Thomas Bernhard* hegte an oberflächlichen Gemütskitzeln keinerlei Interesse.

Genauso sparsam im Übrigen wie man mit Adjektiven umgehen sollte, sollte man mit *Superlativen* verfahren. Es wirkt unglaubhaft, es sei denn bei einer sprechenden Figur, um dieselbe bspw. als *Euphoriker* zu charakterisieren.

Wortwiederholung

Nach Möglichkeit sollten Wortwiederholungen vermieden werden, sie machen einen Text stumpf und desensibilisieren den Leser für das, was der Autor mitteilen möchte. Daher ist es wichtig, dass jeder Verfasser über einen großen Fundus von Synonymen verfügt, empfehlenswert ist der Duden-Thesaurus, wo Alternativ- und verwandte Ober- als auch Unter-Begriffe gelistet sind. Doch macht hier die Übung den Meister, sobald man eine Hand voll Büchern geschrieben hat. Man verfügt dann über seinen persönlichen Thesaurus (*thesaurós* griech. „Schatz"), der die unverwechselbare Handschrift eines Autors mit markiert, seine Vorlieben für bestimmte Synonyme. Synonyme betreffen in diesem Falle alle Wort-Gattungen wie Adjektiv, Adverb, Verb, Substantiv, Konjunktion usw.

breit — weit, geräumig, ausgedehnt
auch — gleichfalls, ebenso, genauso, ebenfalls
stehlen — klauen, stibitzen, rauben, mitgehen lassen
Tür — Tor, Pforte, Öffnung, Durchgang
aber — allerdings, nichtsdestotrotz, nichtsdestoweniger

Andererseits vermögen Wortwiederholungen ein *Satzgefüge*, eine *Satzreihe* oder Begriffe (hier: Sonne, Reich, Fackel Prometheus, Erde) miteinander zu verzahnen. Sie üben eine Klammerfunktion aus wie hier das Adjektiv „*neu*":

„Dieser kleine Lump, diese feige Ratte," dachte er, „die werde ich auch noch umlegen, sobald die *neue* **Sonne** über dem *neuen* **Reiche** erscheint wie die *neue* **Fackel** eines *neuen* **Prometheus** über einer *neuen* **Erde**!"

Aber nicht alleine *Satzgefüge*, *Satzreihen* und Begriffe zu verzahnen, ist Aufgabe gekonnter Wortwiederholung, sondern ebenso aufeinanderfolgende in sich abgeschlossene vollständige Sätze noch enger zu binden als deren Inhalte dies bereits bewerkstelligen:

„Er brachte sie nach *Hause*. Und dieses *Zuhause* war ihr Refugium, wo sie sich zurückzog, jedesmal wenn sie traurig war. *Zuhause* zu sein war für sie eine Art von Geborgensein."

Wortwiederholungen mit Bravour angewandt, sind eine stilistische Bereicherung eines Textes und werten ihn auf.

Fremdwörter und „Neu-Deutsch"

Der Gebrauch von Fremdwörtern, ob griechischer oder lateinischer oder welcher Herkunft auch immer, ist die beste Methode, seine Leserschaft zu vergraulen.
Viele Fremdwörter lassen sich mit deutschen Begriffen wiedergeben. Neuerdings sind auch englische Lehnwörter beliebt, viele sprechen dann von so genanntem „Neu-Deutsch". Ich kenne kein „Neu-Deutsch", das ist eine bloße Alibi-Behauptung, um das Verwenden eines englischen Begriffs zu rechtfertigen. Sowieso alles, was irgendwie Mode ist, wird von den meisten „gefressen".
Man sollte, so viel wie nur möglich, in der Muttersprache nicht nur schreiben, sondern auch reden, und so wenig wie nötig, auf Entlehnungen anderer Sprachen zurückgreifen.
Zugegebenermaßen, legte man die deutsche Sprache unter das Mikroskop, sind heute kaum noch wiederzuerkennende Einflüsse anderer Sprachen nicht zu leugnen, doch haben diese über lange Zeiträume hinweg in der deutschen Sprache Fuß gefasst und sind nicht mehr wegzudenken.

Paraplü (von *paraplui* franz.) — Regenschirm
Trottoir (franz.) — Bürgersteig
Portemonnaie (franz.) — Geldbörse

Küche (von *coquina* lat.)
Provinz (von *provincia* lat.)
Öl (von *oleum* lat.)
Münze (von *moneta* lat.)
Theater (von *théatron* griech.)
Logik (von *logiké* griech.)
komisch (von *komikós* griech.)

Doch weshalb Neu-Eindeutschungen, wenn deutsche Wörter dafür bereits existieren?

Eye-Catcher — Hingucker *faken* — schummeln
Location — Ort *relaxen* — ausruhen

Was den Gebrauch von Fremdwörtern betrifft, denke ich an die Einführungsreferate bei Ausstellungseröffnungen, den „Vernissagen", wo Elfenbeinturm-Sonderlinge ihre Zuhörerschaft mit unverständlichem Fach-Chinesisch quälen, was bloß die Eingeweihten verstehen. Einfach nur schrecklich und darüber hinaus Ausdruck gepflegten Narzissmus, um den intellektuellen Heiligenschein sich aufzusetzen, kundzutun, dass man einer Elite angehöre, was der Forderung, dem Publikum das Kunstwerk zu erklären, gänzlich zuwiderläuft.

Und das gilt für das Schreiben eines Romans ebenso, je weniger ich von Fremdwörtern und vermeintlich „neudeutschem" Sprachgut Gebrauch mache, desto unmittelbarer, das heißt wahrhaftiger, kommt das Geschilderte beim Leser an. Alles andere ist Eklektizismus.

Schließlich ist ein *Claude Monet* ein *Claude Monet* (1840 bis 1926), weil sein Impressionismus reiner Impressionismus, ein *Peter Paul Rubens* ein *Peter Paul Rubens* (1577 bis 1640), weil sein Barock reiner Barock ist. Stil-Geschlossenheit ist die Rezeptur und diese bezieht sich nicht alleine auf Sprachabkunft.

Viele große deutschsprachige Autoren wie *Ernst Jünger* (1895 bis 1998), *Günter Grass* (1927 bis 2015) oder *Thomas Mann* (1875 bis 1955) verfechten diese Maxime.

In unverwässertem Deutsch zu schreiben, hat nichts mit Nationalismus zu tun, braunem Gedankengut oder falsch verstandener „Leitkultur". Es geht um die Güte eines künstlerischen Produkts, um die Güte eines Romans.

Rhetorische Figuren und Satzglieder

Rhetorische Figuren sind sprachliche Gestaltungsmittel sowohl ästhetischer als auch inhaltlicher Natur. Exemplarisch seien hier vier erläutert.

Alliteration

Die *Alliteration* (*ad* lat. „zu", *littera* lat. „Buchstabe") ist eine Stilfigur, bei der aufeinander folgende Worte mit dem gleichen Anfangsbuchstaben beginnen.

„*g*efräßige *G*lut" (G)

„... ließ darauf die *K*orken *k*rachen." (K)

„... denn die Liebe ist ein *G*eschenk der *G*ötter." (G)

„... denn du bist *m*eine *M*use, *m*ein *M*odell." (M)

„auf *B*iegen und *B*rechen" (B)

Assonanz

Die *Assonanz* (*ad* lat. „zu", *sonare* lat. „klingen") ist eine Figur, bei der benachbarte Worte klang-vokalisch verwandt sind.

„... aus der l*au*ter bl*au*e Flammen gleich den Zungen giftiger Schl*a*ngen dr*a*ngen." (*au, a*)

„... wenn das kn*i*sternde Z*i*schen der fr*i*schen B*i*rke d*i*es n*i*cht verh*i*ndert hätte." (*i*)

„M*i*t von B*i*ss*e*n zerfr*e*ss*e*nem G*e*w*i*ss*e*n" (*i* u. *e*)
(man achte auch auf das dreimalige Auftauchen des Doppelkonsonanten „*ss*")

„M*ä*cht*e* und G*e*f*e*cht*e*" (*ä* u. *e* sind hier gleichlautend)

„W*a*ff*e*n und T*a*t*e*n" (*a* u. *e*)

Pleonasmus

Der *Pleonasmus* (*pleonasmós* griech. „Überfluss") ist eine Figur, bei der ein Begriff durch Hinzunahme eines, logisch betrachtet, überflüssigen Attributs in seiner Bedeutung bestärkt wird (ähnlich „Redundanz" von *redundantia* lat. „Überfluss").

kaltes Eis
alter Greis
großer Riese

stillschweigend
schlussendlich

Metapher

Eine *Metapher* (*metaphorá* griech. „Übertragung") ist die Verdeutlichung eines Begriffs oder Aussage mittels Vergleich.

„sich aus dem Staub machen"
(Bild für schnelles sich Entfernen)

„Darin krochen *Tausende von Nadeln,* die in *Tausenden von Venen steckten.*" (Bild für Vielheit)

„Hatte ich mit meinen Beteuerungen die *Glut unserer Liebe* erstickt?" (Bild für Tiefe der Liebe)

„Als sie das Wort «Verbrechen» hörte, schloss sie ihre *Zauberaugen,* nahm ihre *Gazellenbeine* in die Hand und rannte wie *von der Tarantel gestochen* davon." (drei Bilder für Augen-Schönheit, Schnelligkeit und Aufgeschrecktsein)

„Es war diese *Mauer des Schweigens,* die mich in die Enge trieb." (Bild für Undurchdringlichkeit)

„Oder wie sehen Sie das?" forderte er seinen Besucher heraus, um ihm *auf seinen ideologischen Zahn zu fühlen.*
(zwei Bilder für das Prüfen einer Sache, „auf den Zahn fühlen", sowie einer Weltanschauung, „ideologischer Zahn")

Hier ist nicht der Ort, um alle rhetorischen Figuren aufzuführen, diese kann man in entsprechender Fachliteratur nachschlagen. Vielmehr geht es mir darum, dem aufstrebenden Romancier die Tricks aufzuzeigen, mit Hilfe derer er seinen Text plastisch zu gestalten, ihm Farbe zu geben, bisweilen ihn in Musik zu verwandeln vermag, wobei die rhetorischen Figuren sich auch überschneiden können wie in „Zauber-Augen", eine *Metapher* für wunderschöne Augen,— gekoppelt mit der *Assonanz „au"*. Wie bei allen anderen Kniffen des Schreibens gilt auch in dieser Hinsicht: alles kann, nichts muss. Letztlich ist der Text in seiner Gesamtheit zu beurteilen, das heißt, wie die einzelnen Satzglieder (einzelne nicht voneinander trennbare Bausteine eines Satzes) miteinander kommunizieren wie die berühmten Röhren.

Satzglieder

„Die gelben Lichter der Stadt **spiegelten** *sich in den blauen Kanälen."*

Durch Umstellprobe lassen sich die nicht weiter in ihre Bestandteile zerlegbaren Satzglieder ermitteln:

„In den blauen Kanälen **spiegelten** *sich die gelben Lichter der Stadt."*

Weitere Positionsumstellungen lassen sich nicht vornehmen, daher sind *„in den blauen Kanälen"* sowie *„die gelben Lichter der Stadt"* die Satzglieder in diesem Beispiel.

oder
„In Windeseile **rissen** wir uns *die Tarnkappen vom Leibe."*

„Die Tarnkappen **rissen** wir *in Windeseile* uns *vom Leibe."*

„Vom Leibe in Windeseile **rissen** wir uns *die Tarnkappen."*

„Vom Leibe **rissen** wir uns *die Tarnkappen in Windeseile."*

*„*Wir **rissen** uns *die Tarnkappen vom Leibe in Windeseile."*

*„*Wir **rissen** *in Windeseile* uns *die Tarnkappen vom Leibe."*

Die hiesigen Satzglieder sind „*in Windeseile*", „*die Tarnkappen*" und „*vom Leibe*". Prädikate wie "rissen" oder obiges „spiegelten" oder das Pronomen „uns" zählen im engeren Sinne nicht als Satzglieder. Zugleich veranschaulicht diese Zeile erneut, wie flexibel der deutsche Satzbau ist.

Es kommt darauf an, wie die einzelnen Satzglieder rhythmisch und klanglich miteinander korrespondieren, inwieweit diese unter Einschluss von Positionierung und rhetorischer Figur es vermögen, einen Text zum Klingen zu bringen.

Es geht nicht um analytisch akribisches Zerpflücken der aus der germanistischen Lehre hergeleiteten Text-Eigenschaften, um ein — während man vor einem Bogen weißen Papieres sitzt — bewusstes Grübeln über die hier geschilderten verbalen Polituren. Jeder anspruchsvolle Roman nimmt ja seine Abkunft aus dem Unbewussten, außerhalb der Vernunft, außerhalb der Ratio. Allerdings kann jeder beflissene Romancier, welcher am Anfang steht, dieses Know-how durch Übung sich antrainieren, so dass er die einzelnen Techniken nachher automatisch anwendet, ohne darüber nachdenken zu müssen. Ähnlich einem Bogenschützen, der in seiner Lehrzeit sein sportliches Handwerk mit dem Kopfe sich aneignet, um als Meister dann dasselbe „aus dem Bauche heraus" zu praktizieren.

Konjunktiv (Aktiv)

Hier ist nicht der Ort, um den selbst für einen deutschen Muttersprachler nicht einfachen Gebrauch des *Konjunktivs* (*con-jungere* lat. „zusammen-binden" — Aussage plus Möglichkeit), detailliert darzustellen. Das Thema ist nur anzuschneiden. Es geht mir um das Allgemeine, das Grundsätzliche der beiden Konjunktiv-Formen, das heißt, des *Konjunktivs I* (Aktiv) sowie des *Konjunktivs II* (Aktiv), um vor den üblichen Fehlern zu warnen, über welche man regelmäßig stolpert, ob in der Presse, im Sachbuch oder Roman. Das gesprochene Wort möchte ich nicht auf die Goldwaage legen, es verblasst, sobald sein Laut die Zunge verlassen hat. Doch das, was schwarz auf weiß geschrieben steht, bleibt solange erhalten wie sein Papier existiert.

Die an die Stammformen der Verben anzufügenden Personal-Endungen sind bei beiden Formen (*I* u. *II*) dieselben:

Singular		*Plural*	
1.	– e	1.	– en
2.	– est	2.	– et
3.	– e	3.	– en

Beispiel: gehen (starkes Verb)

Konjunktiv I
(Präsensstamm von gehen zzgl. Personalendung)

ich geh–e wir geh–en
du geh–est ihr geh–et
er, sie, es geh–e sie geh–en

Konjunktiv II
(Imperfektstamm von gehen zzgl. Personalendung)

ich ging–e wir ging–en
du ging–est ihr ging–et
er, sie, es ging–e sie ging–en

Der *Konjunktiv* ist eine verbale Möglichkeitsform im Gegensatz zum *Indikativ* (Wirklichkeitsform, *indicare* lat. „anzeigen"), wobei zwischen „möglich sein" einerseits und

„unmöglich sein" bzw. „spekulativ sein" andererseits unterschieden wird. Der *Konjunktiv I* (Realis) drückt die Wahrscheinlichkeit oder zumindest, dass etwas wahr sein könne, aus, der *Konjunktiv II* (Irrealis), dass etwas eher unwahrscheinlich bis unmöglich sei.

Der *Konjunktiv* findet bevorzugt Anwendung in der indirekten Rede (nicht wörtlich):

(Präs.) Er sagt, dass er ins Kino *gehe*. (möglich, *Konj. I*)
(Präs.) Er sagt, dass er ins Kino *ginge*. (zweifelhaft, *Konj. II*)

oder im eingeleiteten Imperfekt *(er sagte)*

Er sagte, dass er ins Kino *gegangen sei*. (*Konj. I*, möglich)

Bezogen auf die drei Vergangenheiten des *Indikativs* wie *Imperfekt*, *Perfekt* und *Plusquamperfekt*, gibt es, aber nicht ausschließlich, eine grundsätzliche *Konjunktiv-I*-Form, und zwar mit „haben" oder „sein" zuzüglich *Partizip Perfekt* (gearbeitet, gekommen).

Imperfekt	*Perfekt*	*Plusquamperfekt*
Er **sagte**,	**hat gesagt**	**hatte gesagt**
er *habe gearbeitet*	*dito*	*dito*
er *sei gekommen*	*dito*	*dito*

Konjunktiv-I-Alternative für alle drei Zeiten sind gemäß vorstehend:

Er **sagte / hat gesagt / hatte gesagt**
dass er *gearbeitet habe* (*Konj. I*, möglich)
dass er *gekommen sei* (*Konj. I*, möglich)

Genauso gibt es für die drei oben genannten Vergangenheiten zunächst eine *Konjunktiv-II*-Alternative mit „hätten" oder „wären", wieder zzgl. *Partizip Perfekt*:

dass er *gearbeitet hätte* (*Konj. II*, zweifelhaft)
dass er *gekommen wäre* (*Konj. II*, zweifelhaft)

Letztlich aber sind die *Konjunktive I* u. *II* von den (einleitenden) Zeiten oft unabhängig. (siehe *„indirekte Überlegung"*)

Weitere Beispiele indirekter Rede:
Konjunktiv I u. *II*

Er *sagt* (Präs.), dass er *gefrühstückt habe.* (*Konj. I*, möglich)
Er *sagt* (Präs.), dass er *gefrühstückt hätte.* (*Konj. II*, zweifelhaft)

oder

Er *sagte* (Im.), dass er *gefrühstückt habe.* (*Konj. I*, möglich)
Er *sagte* (Im.), dass er *gefrühstückt hätte.* (*Konj. II*, zweifelhaft)

Außerdem ist der *Konjunktiv I* bzw. *II* für die indirekte Wiedergabe einer Autoren-Aussage verpflichtend, so etwa innerhalb einer wissenschaftlichen Arbeit, was die wenigsten Studenten beherzigen:

„Petersen *postuliert,* dass die Quantenforschung mehr *gewürdigt werden müsse* (*Konj. I*, Passiv), zumal *Albert Einstein* nicht in Allem *recht gehabt hätte* (*Konj. II*)."

Im Hinblick auf einen Roman allerdings ist, tendenziell gesehen, die direkte oder wörtliche Rede vorzuziehen, weil diese für Unmittelbarkeit und damit Lebendigkeit sorgt. Doch gilt ebenso hier wieder das Axiom des Einzelfalls oder Kontextes. Je nachdem, wie der künstlerische Worteguss beschaffen ist, kann es von Vorteil sein, sich der indirekten Rede anzuschließen.

Den *Konjunktiv* gebraucht man neben *indirekter Rede* und Wiedergabe einer *Autoren-Aussage* auch bei *indirekter Überlegung* und *indirekter Frage*.

Indirekte Überlegung

Heinrich *dachte* darüber nach, wie er es *zustande hätte bringen können*, dass sie ihn *heirate*.
(*Konj.* II, irreal / *Konj.* I, real)

Heinrich *dachte* darüber nach, wie er es *zustande hätte bringen können*, dass sie ihn *heiratete*.
(*Konj.* II, irreal / nochmals *Konj.* II, irreal)

Heinrich *dachte* darüber nach, wie er es *zustande bringe*, dass sie ihn *heirate*.
(zweimal *Konj. I*, durchaus möglich)

Alle drei optionalen Mischformen sind meines Erachtens gültig und unterscheiden sich wiederum hinsichtlich ihrer Möglichkeitsgrade.

indirekte Frage

Ich *fragte* ihn, ob er mit ins Kino *gehe*. (*Konj.* I, möglich)
Ich *fragte* ihn, ob er mit ins Kino *ginge*.
(*Konj. II*, Skepsis beim Fragenden)

Ferner ist der *Konjunktiv* zu setzen bei Verben des *Vermutens, Glaubens, Wünschens, Zweifelns, Forderns, Befehlens* usw.

Ich *vermutete*, dass er dazu nicht in der Lage *wäre*.
(*Konj. II*, irreale Vorstellung)

Ich *forderte* ihn auf, dass er mit uns *komme*.
(*Konj. I*, möglich)

Ich *forderte* ihn auf, dass er mit uns *käme*.
(*Konj. II*, Skepsis beim Fordernden)

Ich *wünsche*, es *wäre* schon Wochenende.
(*Konj. II*, irreale Vorstellung, da noch kein Wochenende)

Er war *sich nicht sicher*, ob er die Führerscheinprüfung *bestünde*.
(*Konj. II*, zweifelhaft)

Weiteren Kontexten, gerade was den *Konjunktiv II* anlangt, möchte ich nicht nachgehen, da er dort in der Regel richtig zur Anwendung kommt. Vielmehr ging es mir darum, die kritischen Bedingungen zu beleuchten, wo der *Konjunktiv* wider das grammatische Lehrbuch nicht angewandt wird, aber zu setzen ist.

Wichtig ist festzuhalten, dass der *Konjunktiv I* die Möglichkeit einer Aussage nicht ausschließt (eher real, mit Tendenz positiv), wohingegen der *Konjunktiv II* diese Möglichkeit in Zweifel zieht (eher irreal, mit Tendenz negativ). Jenseits dessen besteht ein Muss für *beide Konjunktive* bei indirekter Rede sowie indirekter Bekundung wie oben aufgeführt.

Außerdem empfehle ich den gekonnten Umgang mit den klassischen *Konjunktiv-II*-Formen aller starken Verben, insbesondere der heute weniger gebräuchlichen wie:

Ich sterbe, ich starb,   aber ich *stürbe*
Ich helfe, ich half,   aber ich *hülfe*
Ich stehe, ich stand,   aber ich *stünde*

Sicherlich kann man den *Konjunktiv II* bspw. anstatt „*ich stürbe*" mit der Konjunktiv-II-Form des Hilfsverbs „werden" zuzüglich *Infinitiv* wiedergeben wie „*ich würde sterben*", doch sind die nicht so geläufigen Formen wie „*ich stünde*" etc., germanistisch betrachtet, ehrlicher, da ursprünglich. Genauso wenig als möglich man ja in einem belletristischen Text Fremdworte und Entlehnungen aus anderen Sprachen zum Einsatz bringen sollte, um die Reinheit der deutschen Sprache zu bewahren.

Abschließend sei bemerkt, dass das moderne Deutsch seit Langem dazu neigt, *beide Konjunktive* austauschbar, unabhängig ihrer Möglichkeitsgrade, zu gebrauchen. Die Grenzen sind vollkommen durchlässig geworden, besonders dort, wo die Personalendungen des *Konjunktivs I* mit den Indikativformen identisch sind (*1. Person Singular* und *Plural* -e, -en sowie *3. Person Plural* -en), setzt man der Unterscheidung halber die Ersatzformen des *Konj. II*:

	Konj. II			*Konj. I*
ich	*ginge*	anstatt	ich	*gehe*
wir	*gingen*	anstatt	wir	*gehen*
sie	*gingen*	anstatt	sie	*gehen*

oder

	Konj. II			*Konj. I*
ich	*würde gehen*	anstatt	ich	*gehe*
wir	*würden gehen*	anstatt	wir	*gehen*
sie	*würden gehen*	anstatt	sie	*gehen*

Beispiel:

Ich sagte, ich *gehe* ins Kino. (*Konj. I*)

stattdessen (Ersatzformen)

Ich sagte, ich *ginge* ins Kino. (*Konj. II*)
Ich sagte, ich *würde* ins Kino *gehen*. (*Konj. II*)

Der *Konj. II* in der direkten Rede ist zugleich Höflichkeitsform, was nichts mit „Unterwürfigkeit" zu tun hat:
„Ich *würde mich freuen*, wenn Sie mich begleiten."
„Ich *hätte* gerne eine Tasse Tee."

Letztlich bleibt die Frage, ob *Konjunktiv I* oder *II* zu setzten sei, bis auf unumstößliche „Muss-Ausnahmen", von der sprachlichen Praxis her zu beantworten und nicht von der Theorie toter als auch bisweilen unverständlicher Lehrbuchinhalte. Denn jedwede Sprache — bis etwa auf *Esperanto* — entwickelt sich im Laufe ihrer mündlichen (oralen) und an den Ort gebundenen (regionalen) Geschichte.

Sprachstil

Hat man seine ersten literarischen Ergüsse zu Papier gebracht, beginnt der individuelle Stil sich herauszuschälen, die persönliche Handschrift wird sichtbar. Man braucht den Namen des Autors dann erst gar nicht zu wissen, um aufgrund seiner „Schreibe" zu erkennen, um welchen Schriftsteller es sich handelt, um einen *Elias Canetti* (1905 bis 1994), einen *Peter Handke* (*1942) oder einen *Franz Kafka* (1883 bis 1924) etwa. Bei ins Deutsche übersetzten Werken ist Vorsicht geboten, hier spielt der Sprachmodus des Übersetzers mit hinein.

Bezogen auf den künstlerischen Ausdruck schlechthin gilt dies — bis auf wenige Ausnahmen wie für das Stile-Universum eines *Pablo Picasso's* (1881 bis 1973) — im Allgemeinen für fast alle Kunstgattungen. Sofort hört man einen *Claude Debussy* (1862 bis 1918) oder einen *Ludwig van Beethoven* (1770 bis 1827) heraus, sofort wird einem klar, dass dies ein Bild *Vincent van Gogh's* (1853 bis 1890) oder *Édouard Manet's* (1832 bis 1883) sein muss.

Worte und Wendungen

Der persönliche Sprachduktus ist nicht zu leugnen. Denn jeder Autor bevorzugt eine individuelle Klaviatur von Worten und Arten, etwas zu formulieren, anders ausgedrückt, einen ihm eigentümlichen Wortschatz sowie Beschreibungs- und Formulierungskatalog.

„Eine kalte Kraft schickte sich nun an, mich samt diesem rätselhaften Textil in die Hölle zu jagen." (*sich anschicken*)

„Während ich im Begriffe war, meine Reliquie in Sicherheit zu bringen..." (*im Begriffe sein*)

„Eine Diva aber, ihres Zeichens eine Baronesse..." (*ihres Zeichens*)

„... und [war] deshalb jedem mystischen Spektakel abhold, das ihnen die Erlösung versprach." (*abhold sein*)

„Sie knetete ohne Unterlass..." (*ohne Unterlass*)

Wortschatz

Was das Volumen des Wortschatzes betrifft, ist daraus kein Indiz für die Güte eines Textes abzuleiten, obgleich für *William Shakespeare* (1564 bis 1616) — wer auch immer hinter dieser literarischen Gallionsfigur sich verstecken mag, ob *Edward de Vere* (1550 bis 1604) oder *Christopher Marlowe* (1564 bis unbekannt, angeblich 1593) — der Wortschatz die Qualität seiner belletristischen Produkte untermauert. Anders bei *Akif Pirinçci's* (*1959) Roman „DER RUMPF", ein Feuerwerk bombastischer Wort-Akrobatik, wo der Leser vor lauter Verbal-Bäumen den Roman-Wald nicht mehr sieht. Ein meines Dafürhaltens sprachlich misslungenes Buch.

Nein, worum es geht, ist das literarische Optimum, und dieses ist nicht gebunden an größtmöglicher Fülle von Worten und Formulierungs-Varianten. Es geht schlicht und ergreifend darum, mit seinem sprachlichen Quantum, ungeachtet seiner Tiefe und Breite, poetische Paradiese zu zaubern, welche den Leser in ihren Bann zu ziehen vermögen. Man braucht nicht ein *Umberto Eco* (*1932) zu sein, es genügt, ein *Hermann Hesse* (1877 bis 1962), um ein imaginäres Theater auferstehen zu lassen.

Verbal- und Nominalstil

Den Sprachstil eines Autors prägt aber auch bevorzugtes Zurückgreifen auf Hauptwörter (*Nomen, Substantive*) oder Tätigkeitswörter (*Verben*), anders gesagt *Nominal-* oder *Verbalstil*.

„Er wendet diese Technik an." (anwenden, *verbal*)

„Er bringt diese Technik zur Anwendung."
(zur Anwendung bringen, *nominal*)

„Als er das Testament in Augenschein genommen hatte, sah er sich veranlasst..." (in Augenschein nehmen, *verbal*)

„Die Inaugenscheinnahme des Testaments veranlasste ihn . . ."
(Inaugenscheinnahme, *nominal*)

„Der Wirt berechnete dem Gast die kaputten Biergläser." (berechnen, *verbal*)

„Der Wirt stellte dem Gast die kaputten Biergläser in Rechnung."
(in Rechnung stellen, *nominal*)

Nominal- und *Verbal*-Gepflogenheiten sind lediglich Formulierungsstile und sagen nichts aus über den qualitativen Rang einer Schilderung. Der eine Autor nimmt Zuflucht zu diesem, der andere zu jenem. Nichtsdestoweniger sind sie Merkmale seiner persönlichen Handschrift.

Aktiv oder Passiv

Aktiv (Tätigkeitsform) und *Passiv* (Leideform) sind die beiden Alternativen, eine Handlung zu beschreiben, sprachlich auszudrücken.

„Die Bauarbeiter (*Subjekt*) reißen das Haus (*Akkusativ-Objekt*) ab." (*Aktiv*)

„Das Haus (*Subjekt*) wird von den Bauarbeitern (*präpositionales Objekt*) abgerissen." (*Passiv*)

Obwohl im *Passiv* das ehemalige *Akkusativ-Objekt* „Haus" zum *Subjekt* wird, steht „das Haus" jetzt unter einem noch größeren Joch als im *Aktiv*-Satz, „das Haus" „leidet" hier etwas mehr als dort, es rückt in den Vordergrund, während die eigentlichen Ausführenden, „die Bauarbeiter", dadurch, dass sie zum *präpositionalen Objekt* „degradiert" werden, in den Hintergrund treten. Die Gestalter, die Handelnden, die Agierenden werden auf den zweiten Platz verwiesen, unterdessen das, mit dem etwas geschieht („Haus"), an welchem eine Handlung vollzogen wird, auf den ersten Platz rückt. Die Perspektive wechselt ihren Standort, die Aktion wird nicht mehr aus Sicht der Akteure betrachtet, sondern aus der des *Aktions-Objekts* selbst, jetzt *leidendes Subjekt*. Anders formuliert, man sieht die Handlung nun von unten, aus der Sicht des „Opfers" und nicht mehr von oben, aus der Sicht des „Täters". Das, mit dem „etwas" pas-

siert, gewinnt die Oberhand; diejenigen aber, welche das Geschehen in Szene setzen, werden vernachlässigt („von den Bauarbeitern").
Im Allgemeinen empfindet man *Passiv*-Formulierungen als schwerfällig und unbeholfen, weshalb sie einen Text seiner Frische und Lebendigkeit berauben, ähnlich den stereotypen Wort-Positionen innerhalb eines Satzes, oder der nicht wörtlichen Rede gegenüber der wörtlichen.
Gerade wissenschaftliche Arbeiten als auch Sachtexte sind oft ohne jeglichen Esprit, weil diese mit *Passiv*-Konstruktionen überfrachtet sind. *Aktiv* sind Dynamik und Beschleunigung, kurzum die Lebensgeister agieren. *Passiv* sind Bremse und Blässe.
Das Vorstehende bedeutet allerdings nicht, dass der Gebrauch des *Passivs* grundsätzliches Tabu wäre. Dort, wo tatsächlich „gelitten" wird, hat das *Passiv* Vorfahrt gegenüber dem *Aktiv*:

„Immer heller wird das Licht, so als ob er *heimgesucht würde*, zwar nicht wie unsere Jungfrau Maria von ihren Sieben Schmerzen..." (*Konj.-II-Passiv*)
„Das Inquisitionsopfer *wird ausgepeitscht*."
(*Passiv*-Präsenz)

Faustregel ist, analog dem Einsatz von Adjektiven, Fremdörtern und indirekter Rede, so wenig Passiv wie möglich, aber so viel wie nötig, mit anderen Worten: „weniger ist mehr" wie beim Striptease.

Nachklapp

Viele Tätigkeitswörter bestehen aus einem Stammverb verbunden mit einem *Präfix* (*prae* lat. „vor", *figere* lat. „heften), wobei das *Präfix* oft eine Präposition ist:

ein-kaufen
zurück-bringen
vor-kommen
auf-suchen
aus-sagen

Kommt es unter Verwendung solcher Verben zu Aufzählungen, setzt man das *Präfix* an den Schluss des Satzes, was oft für einen deplatzierten unschönen Nachklapp sorgt:

ein-kaufen
„Ich *kaufte* drei Pfund Tomaten, anderthalb Pfund Butter, zwei Pfund Neue Kartoffeln, etwas Petersilie und ein Glas Mayonnaise *ein.*"
alternativ
„Ich *kaufte* drei Pfund Tomaten *ein*, anderthalb Pfund Butter, zwei Pfund Neue Kartoffeln, etwas Petersilie und ein Glas Mayonnaise." (besser)

zurück-bringen
„Ich *brachte* die ausgeliehenen Bücher zur Bibliothek, das ausgeliehene Fahrrad zur Nachbarin und die Bohrmaschine zum Maschinen-Verleih *zurück.*"
alternativ
„Ich *brachte* die ausgeliehenen Bücher *zurück* zur Bibliothek, das ausgeliehene Fahrrad zur Nachbarin und die Bohrmaschine zum Maschinen-Verleih." (besser)

vor-kommen
„Der Weiße Hai *kommt* nicht in den Gewässern der Arktis und Antarktis, im Schwarzen Meer und ebenso wenig in der Ostsee *vor.*"
alternativ
„Der Weiße Hai *kommt* nicht *vor* in den Gewässern der Arktis und Antarktis, im Schwarzen Meer und ebenso wenig in der Ostsee." (besser)

auf-suchen
„Ich *suchte* meine Freundin, meinen Klassenlehrer, unseren Schulsprecher, den Hausmeister und den Direktor *auf*, um herauszufinden, wer das Graffiti an die Wand der Aula geschmiert haben könnte."
alternativ
„Ich *suchte* meine Freundin *auf*, meinen Klassenlehrer, unseren Schulsprecher, den Hausmeister und den Direktor, um herauszufinden, wer das Graffiti an die Wand der Aula geschmiert haben könnte." (besser)

aus-sagen (Zitat aus obigem Kapitel)
„Nominal- und Verbal-Gepflogenheiten sind lediglich Formulierungsstile und sagen nichts über den qualitativen Rang einer Schilderung *aus*."
alternativ
„Nominal- und Verbal-Gepflogenheiten sind lediglich Formulierungsstile und sagen nichts *aus* über den qualitativen Rang einer Schilderung." (besser)

Artikel – Ja oder nein?

Slawen, welche die deutsche Sprache erlernen, sagt man nach, Schwierigkeiten mit dem Gebrauch des *bestimmten* (der, die, das) bzw. *unbestimmten Artikels* (ein, eine, ein) zu haben. Oft lassen sie den Artikel fort und zwar dort, wo er im Deutschen gesetzt werden müsste. Wirft man allerdings einen Blick auf Texte deutscher Muttersprachler, egal welcher Art, ob Sachbuch, Belletristik, Briefe, anwaltliche Schriftsätze oder Reklame usw., fällt auf, dass selbst im Deutschen Artikel wegfallen können, ohne gegen die Grammatik zu verstoßen. Mit anderen Worten, der Artikelgebrauch im Deutschen ist bisweilen inflationär. Auch hier gilt das Striptease-Prinzip: „weniger ist mehr".

„Vollkommen entzückt stöhnte der Überwältigte auf und schenkte ihr [= der Geliebten] die ganze Länge seines Halses wie der unterlegene Wolf, der nach dem Zweikampfe dem Siegertier seine Kehle zum Biss anbietet, um zu bekunden, dass er [*der*] Verlierer sei."

„Er ist mittlerweile [*ein*] gefeierter Maler ..."

In beiden Beispielen dürfen der *bestimmte Artikel* „der" sowie der *unbestimmte* „ein" ausgeblendet werden, ohne dass daraus eine grammatikalische Sünde abzuleiten wäre.

Zugestandenermaßen geht *„dass er Verlierer sei"* über den eigentlichen bildlichen Kontext des wölfischen Zweikampfes hinaus, und charakterisiert den Unterlegenen als Unterlegenen an sich, als jemanden, der auch in anderen Dingen nicht siegt, was auch in diesem Falle im Kalkül des Autors lag.

Doch sei man nicht gehalten, der Sache spitzfindig auf ihren letzten Grund zu gehen, wie überhaupt das Feld grammatikalischer Spitzfindigkeit entsprechenden Elfenbeinturm-Bewohnern, das heißt allzu beflissenen Akademikern der germanistischen Lehre vorbehalten bleibt.
Das, was grammatikalisch „astrein" ist — obgleich *„dass er Verlierer"* von der Lehre her ebenso Richtigkeit verbucht wie „dass er **der** Verlierer" — ist deshalb noch lange nicht belletristisch zu empfehlen. Der Leser erinnere sich an den nicht chronologischen Gebrauch unterschiedlicher Tempora (Zeiten), des Vermeidens monotoner Wortwiederholungen wegen, wie *„hatte"*, *„war"* und *„gewesen"*. (siehe oben)
Oder machen wir uns eine Stilfigur bewusst wie „ein Glas trinken". Man trinkt kein Glas, sondern dessen Inhalt. Nichtsdestotrotz ist die Formulierung eine geläufige Sprachwendung. Akademie ist Akademie, und Sprache ist Sprache. Sprache ist kein toter Körper, Sprache lebt und

entwickelt sich auf der Straße, im Café, in der Debatte, unter der Feder eines Schriftstellers.

Denken wir an die Kurznachricht eines damaligen Telegramms, wo jedes Wort in klingender Münze sich bemerkbar machte. Hier galt es, so wenig wie möglich zu schreiben, um den Geldbeutel nicht zu strapazieren:

„Zug entgleist, Reise unterbrochen, bin gesund, komme übermorgen. Harald."

Streng genommen müsste es heißen:
„*Der* Zug ist entgleist, *die* Reise ist unterbrochen usw."

Vor allem in Sachtexten sollte man so prägnant (i. e. knapp) wie möglich schreiben, und auf inhaltsleere Redundanzen (überflüssigen Worteballast) verzichten. Und das betrifft ebenso den Einsatz der *Artikel*.
Der dritte Absatz dieses Kapitels beginnt mit „*in vorstehendem Beispiel*" anstatt „in *dem* vorstehenden Beispiel". Der sachliche *Dativartikel* „*dem*" ist ausgelassen, wobei dessen Schlusskonsonant „*m*" zum Schlusskonsonanten des gebeugten Adjektivs mutiert. Aus „in *dem* vorstehenden" wird „in vorstehende*m*". Grammatischer Sektor ist „Deklination des Adjektivs ohne Artikel".

Genauso kann man sagen, was allerdings so gut wie jeder beherzigt:

„*im* vorstehenden Beispiel"

anstatt

„in de*m* vorstehenden Beispiel"

„*in dem*" wird zu „*im*"

Doch bezogen auf eine wissenschaftliche Arbeit, sollte man nicht etwa schreiben:

in dem Beispiel II

oder

im Beispiel II

sondern

in [...] Beispiel II

Hier wird ganz bewusst der bestimmte Dativ-Artikel „*dem*" ausgeblendet der Kürze wegen.
Bei dem Ausdruck „*im* Beispiel II" schwingt der bestimmte Artikel „*dem*" noch irgendwie mit, erkennbar an dem „*m*" bei „*im*", und sollte deswegen vermieden werden. Es handelt sich hier schlicht und ergreifend um wissenschaftlichen sachlich geschliffenen Sprachduktus, ohne dass dessen Stil weiterer tiefgründiger Diskussion bedürfte.

Figuren-Charakterisierung

Figuren lassen sich nicht alleine durch Beschreibung, sondern ebenso durch das, was sie mitteilen (*Rede*), charakterisieren. Jede Figur sollte demgemäß unverwechselbar sein, das heißt im Hinblick auf Erscheinung, Verhalten und Sprache. Was ich meine, sind keine Typen wie in der *Commedia dell'arte* (*Pantalone, Dottore* etc.), sondern Individuen.
Zunächst aber sind sie durch ihre bürgerlichen Namen mit oder ohne Titel zu markieren (bspw. „*Dr. Falconi*"). Und falls sie keine solche tragen, durch Bezeichnung (Tätigkeit,

Prominenz usw.), etwa „der Klavierspieler" oder „der Graf" oder wie unten „die Operetten-Diva" u. a.
Namen dürfen biblisch entlehnt (*Magdalena, Johannes, Maria*), Werken der Weltliteratur entnommen werden (*Quasimodo, Lolita, Romeo*) oder auf historische Persönlichkeiten anspielen (*Robespierre, Hannibal*).
Auf jeden Fall müssen es aussagekräftige Namen sein, die Eigenschaften suggerieren. Sie dürfen keinesfalls „aus der Lamäng", wie die Rheinländer sagen, stammen, stets muss ihnen ein tieferer Sinn beiwohnen, nicht Produkt willkürlichen Zufalls sein. Beispiele aus meinem Klassiker:

Figur I
Bernardo von Palermo
(Malerfürst)

Beschreibung
„Er trug eine legere Kombination aus weiter Leinenhose und Sakko mit breitem Revers, aufgeknöpftes Hemd mit Vatermörderkragen, Wildlederslippers ohne Strümpfe und hatte sein mittellanges blondes Haar weltmännisch nach hinten gebürstet."

Hier tritt ein Vollblut-Künstler auf, der den konventionellen Garderoben-Kanon sprengt, ohne exzentrisch zu sein, das heißt, in übertriebenem Gestus sich zu verlieren. Immerhin sind seine Haare mittellang und nicht „hippielang". Sein textiler Auftritt ist geprägt von ausladender Lässigkeit (*weite Hose, aufgeknöpftes Hemd, breites Revers*). Dass seine Slippers aus *Wildleder* sind, in denen seine Füße *ohne Strümpfe* stecken, und dass sein Hemd den Kragen eines „Vatermörders" aufweist, signalisieren Wildheit, welche aber im Zaume bleibt, nicht über ein bestimmtes Maß hinausschießt. Er ist wild innerhalb eines abgesteckten Rahmens, mit anderen Worten, ein pathetischer Typ, letztlich extravaganter Großbürger, das, was man unter einem Jetsetter versteht.

seine Rede
„Ein gewisser Doktor Falconi, Kunsthändler aus New York, meldete an diesen Zukunftsarbeiten sein Begehren und war vorerst erfolgreich geblieben. Es handelte sich um meine Interpretation der *Mona Lisa* des von mir mit aller Frömmigkeit verehrten Leonardo sowie die meinem genialen Kopfe entsprungene Allegorie der Schönheit mit dem Titel..."

Seine Rede offenbart theatralischen Habitus im übersteigerten Betrachten seiner selbst (*die meinem genialen Kopfe entsprungene Allegorie*), Empfinden (*mit aller Frömmigkeit verehrten Leonardo*) und Sprechen (*sein Begehren anmelden*), kurzum ein leidenschaftlicher abgehobener Künstler, eine Art *Salvador Dalí*.

Figur II
ohne persönlichen Namen
(exzentrische in die Jahre gekommene Operetten-Diva)

Beschreibung
„Dann spannte er [der Butler] auf den Schirm und führte den mit dickem Lippenstift, reichlich Make-up und falschen Haaren dekorierten Operettenstar hinaus in den Park."

Bei dieser Figur handelt es sich um eine „abgehalfterte" Bühnen-Diva, deren Zeit seit langem vorüber ist, die aber gerade deshalb sich selbst umso wichtiger nimmt. In die Jahre gekommen zu sein, ist für sie unannehmbar, weshalb sie sich aufdonnert „wie ein ausrangiertes Flaggschiff".

ihre Rede
„Heinrich, was erlauben Sie sich! Möchten Sie mich umbringen? Sterben möchte ich schon auf der Bühne, vor meinem Publikum, aber nicht in diesem Hause, so schön dieses auch sein mag! Was ist das heute nur für ein Tag!"

Ihre Rede ist narzisstisch-exzentrisch. Sie zeigt, in welchen Potemkinschen Dörfern, in welcher Utopie, dieser einstige Bühnenstar zuhause, wie wirklichkeitsfern sein Selbstbild ist. Im Verein mit ihrer aufgedonnerten Erscheinung wird die gealterte Diva zur reinen Karikatur. Man hat ihren überzogenen Tonfall förmlich im Ohr, ist erinnert an *Miss Sophie's* Ausspruch:

„The same procedure as every year, James!"

Figur III
Doktor Falconi
(italienisch stämmiger Kunsthändler aus New York)

Beschreibung
„... [Er] nahm aus dem Korb eine Scheibe Oliven-Ciabatta, strich darauf eine dicke Schicht Knoblauchbutter und belegte anschließend mit einem großen Stück Gorgonzola. Dann vergrub er seinen Falkenschnabel in das garnierte Backwerk, aß und spülte mit seinem Café nach."

Die dritte Figur ist ein Kunsthändler, aber nicht *irgendein* Kunsthändler, nein, *derjenige aus New York*, der Metropole von Glanz und Glamour bzw. was das Klischee mit dieser Stadt verbindet. Ich beschreibe ihn anhand seines Verhaltens. Er ist Gourmet, kennt sich bestens aus mit allem Kulinarischen, was mit was zusammenpasst (*Oliven-Ciabatta* mit *Knoblauchbutter* und *Gorgonzola*). Im Übrigen hat er italienische Wurzeln, wodurch er seine Herkunft aus dem Land der Kunst bekundet, dem Land der Maler und Bildhauer, der Wiege der Renaissance. Sein kulinarisches Know-how ist analog seinem kunsthändlerischen. So souverän wie er die Küche versteht, versteht er das Metier dessen, der Kunst kauft und wiederverkauft.

seine Rede
„Aber sehen Sie, Madame, Sie sind eine Dame von Welt und zudem, erlauben Sie mir, wenn ich mir das herausnehme, eine attraktive Frau, das heißt, Sie bevorzugen doch auch, na ja, wie soll ich es ausdrücken, na ja, ich meine, eine besondere Spezies von Mann, selbst wenn das Angebot der Bewerber ein reichhaltiges ist und jeder vorgibt, Sie glücklich zu machen, nicht wahr?"

Seine Rede macht deutlich, dass er eine kulturell sehr geschliffene Person ist, die nicht nur in kulinarischen und künstlerischen Dingen bewandert ist, sondern auch mit dem weiblichen Geschlecht umzugehen, sprich, zu „konversieren" versteht.

Wörtliche Rede & Schilderung

Oft stößt man auf Romane, wo der Autor von wörtlicher Rede zur wörtlichen Rede sich schwingt:

„Bla, bla, bla", sagte er.

„Bla, bla, bla", antwortete sie.

Das ist keine Kunst, keine Schriftstellerei. Und vor allem erkennt man an stereotypen Formeln wie „sagte er" und „antwortete sie" den verfasserischen Dilettantismus. Nichts ist langweiliger als „sagen" und „antworten", dies sind hohle Verbalfloskeln ohne jeglichen Esprit, reines Berichten. Viel besser sind Verben, bei denen die emotionale Note des Sprechers zum Ausdruck kommt wie „untermauern", „fluchen", „eindringen auf jemanden", „rufen", „zurückkläffen" oder „zurechtweisen" etc.
Außerdem erübrigt sich in längeren Dialogen das Nachsetzen solcher Absender-Verben, alleine dem Kontext ist zu entnehmen, wer spricht (siehe „DOKTOR SCHIWAGO").

Doch worauf ich hinaus will, ist die hohe Kunst der Schilderung. Um einen Groschenroman zu schreiben, bedarf es nicht eines Könners, hier regiert die wörtliche Rede. Eines Könners bedarf die Schilderung, sie verlangt den Schriftsteller mit Haut und Haaren. Wörtliche Rede ist die schnelle Skizze, Schilderung das Gemälde in Öl. Zu schildern sind insbesondere Orte und Landschaften, aber auch Handlungen und Gemütsbewegungen. Ich denke wieder an *Bram Stoker's* „DRACULA", seine Landschaftsbeschreibungen bei untergehender Sonne, davor das Scherenschnitt-Theater der Tannenwipfel irgendwo in Transsilvanien, an *Leo Tolstoi's* Schlachtenschilderungen in „KRIEG UND FRIEDEN" usw. Nachstehend vier Beispiele aus meinem Klassiker:

Ort
„Jetzt erreichen sie die Fabrik. Die meisten Fenster sind vermauert und welche es nicht sind, durchsiebt mit Einschlägen von Steinen.
Die abgeschnittenen Kabel einer verfallenen Transformatorenstation ragen müde in den Himmel.
Und über allem wie eine surreale Drohung schwingt die mächtige Ruine eines eisernen Kolosses. Es ist eine Brücke, überzogen von der braunen Patina sandigen Rostes, die im werdenden Lichte, noch gräulich geschwängert, hier ihr Zeichen setzt!"

Landschaft
„Hier und da ragten Fichten in den Himmel, deren Äste unter der Last des Schnees zu bersten drohten. Felsen, bisweilen so hoch wie ein Haus, strotzten stolz der Witterung und schienen seit Anbeginn der Welt dort zu stehen, als seien sie für die Ewigkeit geschaffen."

Handlung
„Jetzt zog er abermals die Tasse heran und kippte die zweite liquide Koffeinbombe weg wie noch am Ankunftstage seinen *Wild Turkey*. Die Untertasse jonglierte er darauf mit kreisenden Bewegungen und blickte dabei gebannt auf den darin entstehenden

Strudel als blickte er einem Pontifex Maximus gleich in seine bereits besiegelte Zukunft. Dann führte er auch das zu seinem Maul und ließ den Rest seine Kehle hinunterlaufen."

Gemütsbewegung
„Das Donnerwetter, das regelmäßig über ihn hereinbrach, wenn er dabei war, ein Meisterwerk in Angriff zu nehmen, hatte die Funktion einer Katharsis, die ihm ein Wechselbad aus Angst und Mitleid bescherte.
Seine Angst schürte die Ungewissheit vor seiner Zukunft, kurzum sein Fatalismus meldete sich zu Wort. Und Mitleid hatte er mit den Teufeln, von denen er meinte, dass diese seine Modelle heimsuchten, da er sie alle als die Protagonisten eines Trauerspiels wahrnahm.
Doch dabei blickte er lediglich in seinen eigenen Spiegel, ohne es zu wissen.
Nach Mitleid und Angst, letztlich um seiner selbst, schien er geläutert aus diesen Wutausbrüchen hervorzugehen und war darauf gleich einem malenden Lamm, das nicht mit der Peitsche, wie es der Dompteur im Raubtierkäfig zu tun pflegt, sondern kraft seines Pinsels das alles verschlingende Wilde im Zaume hielt.
Er war sein eigener Psychiater und sein Leiden war das Leiden seines Publikums, das seine an Öl und Leinwand verpfändete Therapie bestaunte und deren Patienten es verehrte wie einen tragischen Helden. Sein Spiegelbild, das er auf die Malfläche zauberte, war zugleich das Spiegelbild seiner Verehrerinnen und Verehrer, und das hob ihn aus der Masse empor!"

Souverän zu schildern bedarf des Talents und insbesondere der jahrelangen Übung. Angefangen hatte ich in früher Jugend mit Lyrik, dann folgten Lieder-Texte, danach Traumaufzeichnungen und irgendwann, ohne dass ich mir dies vorgenommen hätte, der „Roman". Es überkam mich einfach und ich musste die mir zugeflüsterten Worte niederschreiben, ohne vorher gefragt worden zu sein:

„... denn die Inspiration ist eine Libelle. Sie kommt, setzt sich auf die Stirn des Meisters und fliegt davon, wann immer sie will."

Es war ein Fieber, ein lyrischer Virus, der mich plötzlich heimsuchte und seitdem nicht mehr von mir lässt.
Doch um absatzträchtige Romane zu schreiben, um Verkaufserfolge zu erzielen, muss man nicht der große Seher sein, kein Meister. Der Gesellenbrief genügt. Man kann Unterhaltungsromane schreiben, warum nicht? Jedem das Seine! Allerdings sollte billiger Schund erst gar nicht zu Papier gebracht werden.

Adaptionen fremder Texte

Jeder Romancier ist beeinflusst von den Werken seiner Kollegen, so wie jeder andere Künstler auch. Aber wo hört die Verarbeitung fremden Geistesgutes auf, und wo beginnt das Plagiat? Die Frage lautet, inwieweit fremde Quellen in den eigenen Roman derart eingewebt sind, dass daraus ein eigenständiges Werk resultiert oder aber nicht, da — wie gesagt — vor Einflussnahme seitens Dritter kein Autor gefeit ist. Ich denke nochmals an den Montage-Roman „BERLIN ALEXANDERPLATZ" *Alfred Döblin's* (1878 bis 1957), ein Buch, das durch geschicktes Einbinden literarischer Versatzstücke autonomes Kunstwerk ist.
Allerdings sollte jeder Autor zumindest die Arbeiten nennen, von denen er sich hat inspirieren lassen, und, falls es sich um wörtliche Übernahmen handelt, diese kenntlich machen, und gegebenenfalls entsprechende Lizenzen erwerben. Das ist nicht nur gesetzliche Pflicht, sondern vor allem ziemt sich dies im Sinne gebührenden Respekts gegenüber seinen Zunftmitgliedern und deren Schriften.
Mir selbst ist vor nicht allzu langer Zeit das Buch eines hochgefeierten deutschen Journalisten und Schriftstellers,

der bereits seit einem halben Jahrhundert zu Grabe liegt, in die Hände gefallen. In jenem Buche stieß ich auf ein Kapitel, das der Autor fast wortwörtlich übernommen hatte, ohne die Quelle anzugeben; ich kenne die Quelle.
Das Aneignen fremder geistiger Leistung ohne Quellenverweis ist kein Kavaliersdelikt und gehört rechtlich geahndet, nicht nur was wissenschaftliche Arbeiten anlangt.

Publikation

Zum Schluss ein paar Worte zur Publikation. Niemand, der ernsthaft die Feder schwingt, kann mir erzählen, er schreibe bloß für sich. Jeder beflissene Dichter träumt insgeheim von einer Karriere als Autor, in unserem Falle als Romancier.
Meinen Klassiker schrieb ich und war mächtig stolz, ein solches Werk zu Papier überhaupt gebracht zu haben. Voller Freude ließ ich die Champagnerkorken krachen und sah mich schon in der Rolle des Hausautors dieses oder jenes Verlags. Denn Talente, so malte ich mir aus, schafften es auf jeden Fall, Aufmerksamkeit auf sich zu lenken, zumal fast jeder renommierte Verleger verkündet, auf der Suche nach bisher noch unentdeckten literarischen Schwergewichten zu sein. Meines Erachtens aber Lug und Trug. Der Mühe unterzog ich mich, bei etwa einem Dutzend etablierter Verleger und Literaturagenten vorzusprechen, mit den üblichen dafür erforderlichen Papieren wie persönlichem Anschreiben, Exposé, Leseprobe und Autorenvita *per papierner Post* — und nicht via schnell gefertigter E-Mail — musste aber bald zur Kenntnis nehmen, dass für meine literarische Arbeit, für welche ich Blut und Wasser geschwitzt hatte, kein Lektor sich erbarmte, obgleich im Vorfeld ich Verlagsprogramme, Namen der Cheflektoren etc. akribisch recherchiert hatte. Nein, Fehlanzeige. Ich bin oh-

ne Gesicht, habe keine Lobby, trage keinen prominenten Namen, bin weder der Sohn eines Schlagerstars noch Fernsehmoderator oder Tatortschauspieler.

Würde *Bram Stoker* (1847 bis 1912) niemals gelebt haben, und suchte heute irgendein unbekannter Romancier mit „DRACULA" einen Verleger auf, würde dieser ablehnen mit der Begründung, Tagebuchromane interessierten niemanden.

Nichtsdestotrotz ist es dringend erforderlich, falls man ein Manuskript bzw. Auszüge seiner Schrift zur Prüfung anbietet, dieselben so makellos wie möglich zu fertigen, i. e. annähernd druckreif; und was selbstverständlich sein sollte, im Vorfeld das Verlagsprogramm zu studieren, mit anderen Worten zu schauen, inwieweit der Roman in die Produkt-Palette passt.

Verleger sind in der Regel aufs nackte Geschäft aus. Neue Romanautoren, doch ohne Ruf, sind bloß insofern von Interesse, als sie Käuferbegehrlichkeiten zu wecken vermögen, in diesem Falle inwieweit deren Bücher lesegefällig sind, in Bezug auf Inhalt und Machart. Nach Möglichkeit mit viel *Sex* und *Gewalt* als auch mit nicht allzu anspruchsvollem Satzbau und ebensolchem Vokabular, mit anderen Worten, inwieweit deren Werke über kommerzielles Potenzial verfügen. Allerdings würden das weder Verleger noch Lektoren öffentlich zugeben. Es geht in erster Linie ums Geld wie in jeder anderen Branche auch. Warum verkaufen diese Damen und Herren in den oberen Etagen der Bücherkultur eigentlich keine Waffen oder Damenunterwäsche? Ihres vermeintlichen Talentes wegen, nur weil irgendwelche Möchtegern-Schriftsteller aus Sicht der Lektorate Publikumsmagnete zu werden versprechen, erfreuen sich viele Dilettanten literarischer Lorbeerkränze. Man will verkaufen, den schnellen Umsatz machen. Verleger und Lektoren solcher Couleur sollten sich nach einem anderen Job umschauen, als Händler von Waffen und Dessous eben. Literatur mit Niveau entwächst stets humanistischem Mutterboden. Ernst zu nehmende Romanciers haben ihrer Mitwelt, ihrem Lesepublikum etwas mitzuteilen, was das Elend unseres flüchtigen Lebens zu lindern vermag durch Einsicht in die Dinge wie sie wirklich sind. Sie spenden Trost im Daseinstal des Bösen und Verrückten.

Was man von der Digitalisierung unseres modernen Lebens auch halten mag, unverkennbar ist, dass, jenseits aller negativen Folgen für die individuelle Freiheit durch Überwachung (Video, Datenspeicherung etc.) als auch für die graphischen Künste durch Verflachung mittels neuer Reproduktionstechniken (*Giclée*-Druck etc.), die Digitalisierung gerade für den noch unbekannten Schriftsteller ebenso positive Folgen zeitigen, das heißt, Chancen eröffnen kann. Zauberformel ist „*Print on Demand*", analog dem, was man in der Automobilbranche unter „*Just-in-Time*" versteht.

Durch Einführung der Digitaltechnik in den Buchdruck ist es möglich geworden, ausschließlich auf Nachfrage (*on demand*) zu drucken. Das bedeutet, ein Buch wird erst dann gedruckt, wenn es bestellt wird. Man muss nicht mehr auf Vorrat produzieren, etwa 10.000 Exemplare, in der Hoffnung auf Abnahme wie das der *Offset*-Druck erforderlich macht. Das spart selbstverständlich enorme Kosten (finale Herstellung, Lagerhaltung) und gleichzeitig wird das Risiko möglicher Überproduktion auf Null heruntergefahren, so dass man auf seinen Büchern nachher nicht sitzen bleibt.

Das hat zu einer veränderten Verlagslandschaft geführt, wo Quasi-Verleger Autoren attraktive Geschäftsmodelle anbieten. Hier können Autoren oft mehr verdienen als bei einem klassischen Verlag. Im Verein mit der Bereitstellung elektronischer Publikationsmöglichkeiten (*E-Book*) sind die Gewinnmargen für den Urheber vergleichsweise nicht unbeträchtlich. Doch muss man in Rechnung stellen, dass solche „On-Demand-Verlage" für ihre Produkte in der Regel nicht haften, das heißt, der Autor hat bei Verletzungen von Urheber- und Persönlichkeitsrechten entsprechend aktiv zu werden und gegebenenfalls für eventuelle Schäden Dritter selbst aufzukommen. Man denke an die juristischen Auseinandersetzungen um *Maxim Biller's* (*1960) Roman „ESRA". Darüber hinaus hat man für das Marketing ebenso selbst zu sorgen oder entsprechende „Reklame-Pakete" für teures Geld einzukaufen. Trotz dieser Nachteile gegenüber einem althergebrachten Verlag, kann *Print-on-Demand* für einen noch unbekannten Autor das Sprungbrett zur Karriere sein. In unserem Falle der Romancier, vermag dergestalt auf sich aufmerksam zu machen und unter günstigen Umständen zu einem klassischen Verlag darauf wechseln, der sich um die weitere Vermarktung durch Lesungen, Talkshows etc. kümmert. Hier gibt es viele Firmen, über welche jeder sich im Internet informieren kann. Denn im Übrigen sollte kein Romancier sich einbilden, von seiner ersten halbwegs erfolgreichen Publikation leben zu können, dazu müsste er zunächst einmal mindestens 50.000 bis 100.000 Exemplare unter die Menschheit bringen, und das entspräche den berühmten sechs Richtigen im Lotto. Nicht jeder ist ein *Stephen King* (*1947) oder *Dan Brown* (*1964) und nicht jede eine *Nora Roberts* (*1950) oder *Joanne K. Rowling* (*1965). Sein restliches Geld verdient der Autor dann mit den Sekundär-Tantiemen aus Live-Auftritten, Presse, Funk und Fernsehen.

Doch weil die wenigsten sechs Richtige im Lotto haben, sollte jeder Autor gleich eine ganze Palette von Büchern auf dem Markt haben, wenn er schon beabsichtigt, von seiner „Schreibe" sich ernähren zu wollen. So macht Kleinvieh auch Mist. Bei mittleren Verkaufserfolgen denke ich an wenigstens zehn bis zwölf Produkte, wahrscheinlich ist aber eine darüber liegende Ziffer realistischer.

Nachwort

Grundsätzlich ist jedem, der schriftstellerisch ambitioniert ist, davon abzuraten, allzu hohe Erwartungen zu schüren. Denn Können und Erfolg sind zwei verschiedene Paar Schuhe. Man sollte auf jeden Fall einem Brotberuf nachgehen, um, wenn der ersehnte Erfolg ausbleibt, nicht ins Bodenlose fallen zu müssen. Ein mir bekannter Deutschlehrer, welcher in seiner Freizeit schrieb und sich bereits als Bestsellerautor sah, hing seine Beamtenlaufbahn an den Nagel, versuchte sich als Romancier und ist heute mehr oder weniger arbeitslos (Volkshochschulkurse auf Stunden-Basis usw.). Nichtsdestotrotz kann man seine Leidenschaft oder zumindest sein schreibendes Begehren berufsbegleitend betreiben wie dies viele Schriftstellerkarrieren belegen.

Darüber hinaus ist es sinnvoll, Gleichgesinnten sich anzuschließen, das heißt, Schreibzirkeln beizutreten des Erfahrungsaustausches wegen. Man wird kritisiert und auf das hingewiesen, was verbesserungswürdig sei. Doch sollte man sich davor hüten, irgendwelche Hobby-Literatur-Vereine um Aufnahme zu ersuchen. Hier tummeln sich oft wichtigtuerische Möchtegerns, die dem Metier zuvorderst aus Gründen von Eitelkeit und Renommée nachgehen und deren Schriften von höchstens nur mittelmäßiger Qualität sind. Und überhaupt geht es in diesen Zirkeln in der Regel weniger um das literarische Lorbeerblatt als vielmehr um das Austragen persönlicher Fehden, wie in den meisten Hobby-Züchter-Vereinen.

Genauso gut kann man sich von literarischen Klubs fernhalten, und, falls man noch Heranwachsender ist, Sprachen auf Lehramt studieren (Germanistik, Anglistik, Romanistik u. ä.), womit auch die berufliche Brotperspektive gesichert sei. Und falls man tatsächlich kommerziellen Erfolg verbuche, den Vollzeiterzieher irgendwann an den Nagel hängen, das heißt, halbtags arbeiten und die andere Hälfte der Zeit aufs Schreiben sich konzentrieren. So ist einer meiner Freunde als Englischlehrer auf einer halben Stelle im Schuldienst unterwegs, schreibt zwar nicht, aber immerhin übersetzt er die restliche Zeit der Woche Bestseller-Romane und Sachbücher aus dem Englischen ins Deutsche.

Nicht nur als Romancier, sondern als Künstler schlechthin, ob Musiker, Maler oder Bildhauer etc., sollte man das Feuer seiner Leidenschaft zwar schüren, doch zur selben Zeit sich im Klaren darüber sein, dass Erfolg bzw. langfristiger Erfolg nicht steuerbar sind.